金融科技应用系列教材

金融科技用户运营

JINRONG KEJI YONGHU YUNYING

主编◎郑莉琨

中国金融出版社

责任编辑：王　君
责任校对：刘　明
责任印制：陈晓川

图书在版编目（CIP）数据

金融科技用户运营/郑莉琨主编．—北京：中国金融出版社，2023.10
金融科技应用系列教材
ISBN 978－7－5220－2075－4

Ⅰ.①金…　Ⅱ.①郑…　Ⅲ.①金融—科学技术—应用—网络营销—教材
Ⅳ.①F713.365.2

中国国家版本馆 CIP 数据核字（2023）第 136731 号

金融科技用户运营
JINRONG KEJI YONGHU YUNYING

出版	
发行	中国金融出版社
社址	北京市丰台区益泽路 2 号
市场开发部	（010）66024766，63805472，63439533（传真）
网上书店	www.cfph.cn
	（010）66024766，63372837（传真）
读者服务部	（010）66070833，62568380
邮编	100071
经销	新华书店
印刷	河北松源印刷有限公司
尺寸	185 毫米×260 毫米
印张	11.25
字数	240 千
版次	2023 年 10 月第 1 版
印次	2023 年 10 月第 1 次印刷
定价	39.00 元

ISBN 978－7－5220－2075－4
如出现印装错误本社负责调换　联系电话（010）63263947

前言

当前，伴随各种各样层出不穷的互联网产品，"互联网+"时代培养了用户对产品良好体验的期待。互联网产品是否能在激烈的市场竞争中获得用户的认可并探索出适合自身的商业模式，已经不仅仅依赖产品的技术实现方式或者功能模式。互联网产品的技术构成或功能模式进入同质化竞争阶段，互联网产品的生命力已经从技术驱动变成产品功能和运营驱动。尤其是产品处于其生命周期的早期时，运营活动对于产品的发展至关重要。

值得一提的是，在"互联网+"时代，用户和客户被重新定义，用户是指使用产品的人，客户是指为产品付费的人。由于互联网产品本身的跨空间和跨时间性质，使用者和付费者往往不是同一个人。由于互联网产品注重用户体验，因此往往会给用户提供免费体验的机会，用户觉得满意后再付费。这种将用户体验作为营销一部分的方式，本身是传统市场营销面对新环境的变革之举。从此角度看，运营活动首先连接了产品和用户，其次为用户向客户转化提供了新的体验点。在"互联网+"时代，运营融合了对以体验为特征的互联网产品的营销能力和销售能力，即互联网运营同时实践着营销和销售两种职能，销售结果是营销目标的达成状态，因此互联网运营本身是以营销手段为载体的销售行为。实际业务中，将运营分成两大类：产品运营和用户运营。前者是指从产品功能优化角度出发，满足用户使用需求的运营活动；后者是指从用户基于产品的活动出发，通过开展各种活动实现用户的留存、活跃等目标，进而直接激励用户行为的运营活动。两者的区别在于是通过功能直接满足用户的使用需求，还是通过利益刺激或情感刺激满足用户的需求。产品本身是实体，用户使用产品作为工具载体，满足自身生活或情感需要。用户运营从业者的工作内容脱离不了对产品功能的理解。

用户运营能力是一种综合性能力，典型的表现形式包括对大规模用户进行合理的分层分类、策划活动、写作具有吸引力的文案、选择合适的新媒体传播渠道进行活动投放，进而通过活动或文案的媒介达成与用户沟通和用户成长的终极目标。影响运营的关键是细节，是把重复的事情简单做，简单的事情重复做。真正优秀的运营人员需要长时间的积累和摸索，在运营岗位的每一分积累，都会决定未来能够站的高度。

金融科技行业是当前紧贴时代发展和变化的行业。由于大数据、人工智能等信息技术的发展，传统金融行业的营销理念、营销手段等内容与"互联网+"时代甚至数字经济时代对应的内容相比有了很多大变化。对于高职高专学历层次的学生来说，用户运营能力是一种面向当前"互联网+"时代的综合营销能力，既是一种营销手段，也是一种思维方式。

本书共分为十章，首先介绍营销导论，了解用户运营的先导基础知识；其次介绍互联网用户运营的基本逻辑、运营目标等；再次分解金融科技环境下用户运营的独特性，从用户分层分类及用户画像、活动运营、内容运营、新媒体渠道运营、数据运营等模块对用户运营的工作内容进行拆分，并构建会员成长体系、积分成长体系的实训，作为用户运营岗位的高阶能力训练模块；最后通过了解金融科技用户运营的相关监管要求，培养用户运营岗从业者的合规素养。

本书的特色在于：第一，本书编者具有多年互联网行业金融产品运营岗位的工作经验，能够从实务出发，讲解具体内容；第二，本书的切入角度虽然小，但是具有广泛的生成性，适合帮助有志于从事用户运营岗位的零基础学习者奠定理论、工具框架的基础。总之，所有的努力都是为了使本书成为一本适合零基础学习者学习金融科技用户运营的入门教材。

本书适合作为高等职业院校金融科技专业用户运营等专业核心课程的教材，也可以作为市场营销专业、新媒体营销专业、电子商务专业等相关专业拓展学习的资料，还可以作为未来希望从事金融科技行业用户运营从业者的参考用书。

本书经过对市场现有书籍以及零基础学习者学习特点的分析，经多次调研和实地研讨，由郑莉琨审定总体大纲，并完成各章节的编写及校对。

由于时间仓促，编者知识水平有限，书中难免存在疏漏与不妥之处，恳请广大读者批评、指正。

郑莉琨

2023年3月

目录

第一章 营销导论/1
第一节 市场营销基础/1
一、营销行为与销售行为的关系/1
二、市场营销的构成要素/3
第二节 需求理论与差异化营销/5
一、用户需求层次理论/5
二、长尾理论/10
第三节 差异化营销/12
一、差异化营销产生的现实背景/12
二、差异化营销与无差异营销/12
三、差异化营销的类型/12

第二章 互联网用户运营概述/14
第一节 互联网用户运营的产生/14
一、从企业营销、企业运营到互联网运营/14
二、用户运营岗位定位/18
三、用户运营岗典型工作任务/20
四、企业都需要的三类运营/22
五、运营人员与产品人员的关联/23
第二节 互联网用户运营思维模型/24
一、宏观层面——产品生命周期模型/24
二、中观层面——AARRR模型/27
三、微观层面——用户行为与习惯规律/30
第三节 用户运营岗位职业发展/34
一、运营从业者的职业发展通道/34
二、运营从业者需要具备的素质/35

第三章 金融科技用户运营概述/37

第一节 金融科技市场环境/37
一、金融科技的内涵/37
二、金融科技的发展历程/39
三、金融科技在金融领域的应用场景/41

第二节 金融科技行业的用户与行为/43
一、重新定义金融科技行业的用户/43
二、金融用户的内在特质/44
三、金融科技用户的转化路径/45

第四章 金融科技用户分层分类/47

第一节 用户分层分类思想/47
一、传统市场营销理论的市场细分/47
二、大规模用户时代的市场细分/49

第二节 用户生命周期模型/51
一、用户生命周期曲线/51
二、不同生命周期阶段用户行为特征及运营策略/52
三、用户生命周期各阶段判断标准案例分析/54
四、用户生命周期模型在运营中的应用/55

第三节 RFM 模型/57
一、认识 RFM 模型/57
二、RFM 模型实施步骤/59

第四节 精细化用户管理与用户画像/60
一、用户画像产生背景/60
二、认识用户画像/61
三、认识用户标签/64
四、用户画像构建实施步骤/66

第五节 用户画像研究综合实训/67
一、使用思维导图工具构建用户属性体系/67
二、金融科技行业用户画像问卷调研实施/72
三、金融科技行业用户画像访谈调研实施/76

第五章 金融科技活动运营/80

第一节 活动概述/80
一、活动与促销/80
二、用户参与活动的常见心理效应/82

第二节　活动运营概述/84
　一、活动传播媒介/84
　二、完整活动传播文案的构成要素/85
　三、常见的运营活动形式/86
　四、活动运营的工作流程/88
　五、活动策划操作原则/92
　六、典型活动案例/92
第三节　拉新场景活动策划/94
　一、拉新活动概述/94
　二、典型拉新活动案例分析/95
第四节　邀请场景活动策划/95
　一、邀请活动概述/95
　二、邀请活动常见类型/96
　三、典型邀请活动案例分析/97
第五节　低成本场景活动策划/98
　一、低成本活动产生背景/98
　二、低成本活动运营建议/98

第六章　金融科技内容运营/100
第一节　内容与内容营销/100
　一、内容概述/100
　二、内容营销概述/102
第二节　内容与叙事/103
　一、内容的传播力/103
　二、叙事逻辑与叙事结构/105
第三节　内容生产综合实训/109
　一、构建内容元素思维导图/110
　二、挖掘产品的独特卖点/111
　三、构思主题/112
　四、根据主题及用户认知规律，选择合适的叙事逻辑/112
　五、构思文案主题句/113
　六、设置与内容风格保持一致的标题/113
　七、文案输出及素材整合/115
　八、内容排版及聚合输出/116

第七章　金融科技新媒体运营/119
第一节　新媒体运营概述/119
一、认识新媒体/119
二、认识新媒体运营/120
三、新媒体运营存在的问题及优化策略/122
第二节　微信公众号运营综合实训/123
一、创建公众号/123
二、生产第一篇内容，获取首批用户/123
三、策划拉新活动/124
四、常态化运营/124
五、价值转化/124

第八章　金融科技用户成长体系搭建/125
第一节　用户成长体系概述/125
一、用户成长体系的产生与发展/125
二、用户行为激励结果类型/128
三、用户成长体系搭建原则/130
四、常用的用户成长体系搭建的实用工具/131
第二节　会员等级体系设计与实施/133
一、典型会员权益体系设计案例分析——招商银行会员体系/133
二、用户会员等级体系设计要点/138
第三节　荣誉激励体系设计与实施/138
一、荣誉激励概述/138
二、竞争激励/139
第四节　积分任务体系设计与实施/139
一、积分与积分任务概述/139
二、积分任务系统搭建步骤/142

第九章　金融科技数据运营/145
第一节　数据运营概述/145
一、认识数据运营/146
二、常见的运营数据指标/148
三、运营数据的获取/152
四、常用数据分析场景/153
第二节　数据运营常用工具/154
一、流量分析工具/154

二、行业数据查询工具/156

第十章　金融科技用户运营活动法律法规/157
第一节　金融消费者权益保护概述/157
一、消费者与金融消费者概述/157
二、金融科技消费者权利与相关经营者义务/158
第二节　网络平台交易与互联网广告传播相关法律规定/162
一、网络交易监督管理/162
二、互联网广告监督管理/163

参考文献/166

第一章 营销导论

【学习目标】

□ 知识目标
1. 掌握市场营销的定义。
2. 掌握营销的构成要素。
3. 掌握与用户需求相关的心理学和营销学理论。

□ 能力目标
1. 能够辨析营销行为与销售行为的差异。
2. 能够举例说明营销的构成要素。
3. 能够使用需求层次理论分析生活中的营销行为所体现的用户需要。
4. 能够使用长尾理论分析生活中的长尾现象。

□ 素质目标
1. 通过对比市场营销的内容和模式的变革,体会时代对普通用户美好生活的回应。
2. 理解高远的人生追求是自我实现高阶需求的具体体现。

第一节 市场营销基础

一、营销行为与销售行为的关系

【案例导入】

把梳子卖给和尚的故事

几乎所有的人都表示怀疑:把梳子卖给和尚?

这怎么可能呢?搞错没有?

许多人都打了退堂鼓,但还是有甲、乙、丙三人勇敢地接受了挑战。

一个星期的期限到了,三人回公司汇报各自的销售实践成果。甲先生只卖出1把,乙先生卖出了10把,丙先生居然卖出了1000把。同样的条件,为什么结果会有这么大的差异呢？公司请他们谈谈各自的销售经历。

甲先生跑了三座寺院，受到了无数次的拒绝，但仍然不屈不挠，终于感动了一个小和尚，买了一把梳子。

乙先生去了一座名山古寺，由于山高风大，把前来进香的善男信女的头发都吹乱了。乙先生找到住持说："蓬头垢面对佛是不敬的，应在每座香案前放一把木梳，供善男信女梳头。"住持认为有理。那庙共有10座香案，于是买下了10把梳子。

丙先生来到一座颇负盛名、香火极旺的深山宝刹，对方丈说："凡来进香者，都有一颗虔诚之心，宝刹应有回赠，保佑平安吉祥，鼓励多行善事。我有一批梳子，您的书法超群，可刻上'积善梳'三字，然后作为赠品。"方丈听罢大喜，立刻买下1000把梳子。

案例思考：
(1) 你认为三个销售员获得不同业绩的原因有哪些？
(2) 三个销售员所定位的目标客户群体分别是什么？
(3) 作为产品的梳子，其用户是什么？梳子作为产品分别满足了客户的什么需要？
(4) 你对营销与销售有哪些新认识？如何看待营销与销售的关系？

（一）销售行为与价值转移

销售行为是完成价值转移的过程。销售行为使买卖双方关系成立，企业让渡商品使用价值给客户，而客户使用货币或其他物品进行交换，其中商品满足客户需求。

我们可通过"5W1H"模型来分解销售行为：
- Who：谁在销售
- Whom：向谁销售
- What：销售的商品是什么
- When：什么时间销售
- Where：在哪里销售
- How：如何销售给对方

当前市场竞争激烈，早已不是"酒香不怕巷子深"的时代。销售行为虽然是一次性发生的行为，但是为了提升销售业绩还需要同步完成很多工作内容，比如客户需求调研与分析、销售策略制定、客户维护等。营销与销售密不可分，营销服务于销售，营销工作的价值体现为销售业绩的提升。营销的终极目标仍然是更好地完成销售。

当企业处于买方市场或卖方市场时，销售行为对营销行为的需求动力有差异。买方市场是指市场商品供大于求，商品的需求者（买方）处于相对主动地位的市场状态；卖方市场是指市场商品供不应求，商品供应者（卖方）处于相对主动地位的市场状态。市场越是倾向于买方市场，营销行为对于销售行为的促进作用越大。

营销关系是基于企业与客户的销售行为建立的关系，对客户的经营已成为企业经营的重要内容。营销关系的媒介通常采用活动等形式触达用户。基于营销关系产生了市场营销、客户关系管理等相关研究领域。

【练一练】

（1）请同学们分享自己在实际消费体验中所经历的被商家"营销"的故事，并具体分析该故事中，商家为了促进销售达成采取了哪些营销措施。

（2）马克思认为人是一切社会关系的总和。营销关系也是关系的一种，你如何看待关系的内涵？

（二）营销关注的两个基本问题

第一个基本问题是"我们为谁提供服务"，即关于市场细分和目标市场选择。

第二个基本问题是"怎样才能够最好地为目标客户服务"，即差异化和定位问题，比如为客户提供不同的营销方案，或者针对不同的用户提供不同的营销方案。

在类延昊所著的《运营笔记》①一书中提到企业利用微博粉丝营销的案例。深圳一家经营化妆品的企业，其企业微博有350万粉丝，运营人员会点开每个粉丝的头像，跟每个粉丝聊天，从而获取用户的三项资料，其中一项资料是用户的肤质。该企业在关注用户信息时，能够把一般人意想不到的细节做到极致。

（三）市场营销的概念

市场是商品经济的范畴，是一种以商品交换为内容的经济联系形式。市场是企业营销活动的出发点和归宿，营销涉及与客户建立可获利的、追求价值的交换关系。

市场营销既是一种职能，又是企业为了自身及利益相关者的利益而创造、沟通、传播和传递客户价值，为用户、客户、合作伙伴以及整个社会带来经济价值的活动、过程和体系。

在本书中，市场营销主要是指营销人员针对市场开展经营活动和销售的过程。

二、市场营销的构成要素

（一）客户需要、欲望与需求

营销关系最终的建立与主体满足客体的需要密不可分。市场营销最基本的概念是人类的需要（needs）。

人类的需要是一种意识到自身缺乏的状态，包括对温暖和安全的基本生理需要，对归属和情感的社会需要，以及对知识和自我表达的个人需要等。这些需要不是由营销者创造出来的，而是人类本能的基本组成部分。

欲望（wants）是指人的需要经过文化和个性塑造后所呈现的形式。欲望受一个人的社会背景影响，是明确表达的用以满足自身需要的指向物。

在得到购买能力的支持时，欲望就转化为需求（demands），即需求是有购买力作为后盾的人类欲望。在既定的欲望和资源条件下，人们会选择能够产生最大价值和满足的产品。

比如早期出租车出行的撮合方式是通过服务台发送信息，后来出现手机叫车App，

---

① 类延昊. 运营笔记：如何成为一个优秀的运营人［M］. 天津：天津人民出版社，2016.

可以实现乘客和司机的直接沟通，且地理信息可见、乘客需求变更可即时发送、司机状态可见。之后，互联网出行服务进行产品扩展和细分，包括快车、专车、共享单车、代驾等产品线，用户还能通过地图 App 直接提交出行需求订单。显然，新产品、新技术不断满足用户对美好生活的追求。

（二）市场供应物——产品、服务和体验

市场供应物是指用于满足需要、欲望和需求的产品、服务、信息或体验的集合。市场供应物并不局限于实物，还包括服务，既可能是有形的，也可能是无形的。按照传统市场营销理论对产品（product）的定义，产品是提供给市场，供关注、购置、使用或者消费，可能满足某种需求或需要的任何事物；服务（service）是一种特殊形式的商品，一般由无形的活动、利益或者满足感构成，其结果不涉及所有权。

产品是整个市场供应物的关键要素。营销组合规划以创造能够带给目标顾客价值的供应物为起点。对一些企业来说，体验是营销的重要组成部分，且体验成为用户越来越关注的部分。

产品规划需要从三个层级（见图1-1）考虑产品和服务，每个层级都会增加顾客价值。最基本的层级是核心顾客价值，即该价值界定了顾客寻求的核心的、解决问题的利益和服务；在实际产品层级，包括产品品牌名称、质量水平、包装、设计、特征等要素；在附加产品层级，包括交付和信用、产品支持、售后服务、担保等。

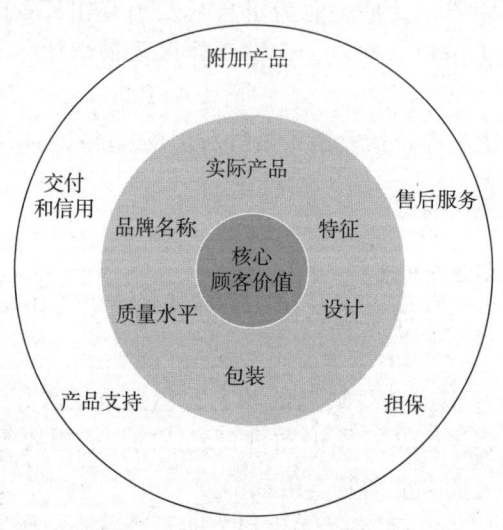

图1-1 产品的三个层级

例如，2011年8月，小米第一代手机M1正式发布。尽管在当时小米手机的竞争对手看来，M1手机屏幕只有4英寸，略显圆胖的边角显得手机不是很漂亮，从硬件配置上来看说不上高端，但是其定位非常精准：价格为1999元。小米M1基本是针对当时国内用户的使用习惯和消费能力定制生产的安卓手机。

需要注意的是，这里的产品功能只是产品价值的一部分，而不是全部。在互联网产品观里，经常提到产品的"三重境界"，即能用、好用、易用。这三重境界体现了用户对一款产品的综合体验，能用的产品说明产品对核心顾客价值的满足，好用和易用的产品更多地照顾到用户的使用体验以及产品对于用户内在多种需要的满足。

（三）顾客价值和满意

消费者通常会面对能满足其特定需要的种类繁多的产品和服务，顾客对各种市场供应物传递的价值和满意形成预期，并据此做出购买决策。顾客满意（customer satisfaction）取决于顾客对产品的感知价值与自身预期的比较。客户感知价值（customer-perceived value）是指与其他竞争产品相比，客户拥有或使用某一种市场供应物的总利益与总成本之间的差异。满意的顾客会重复购买，并将自己的美好体验告诉别人；不满意的顾客转而向竞争者购买，并向其他人贬低产品。

（四）交换和关系

市场营销发生在人们决定通过交换关系来满足需求和欲望之时。交换（exchange）是一种为从他人那里得到想要的物品而提供某些东西作为对价的行为。广义上，市场营销者试图获得人们对某种市场供应物理想的反应。

（五）客户关系

不同商品给企业带来的回报有差异，因此公司往往根据目标市场的特点，将客户关系划分为不同的类型。以往大型的企业倾向于通过大众营销影响所有可影响的顾客，当下的企业注重与仔细挑选的顾客建立更深、更直接和更持久的关系。

许多公司现在推行所谓的选择性关系管理，即运用顾客盈利性分析，剔除不能带来盈利的顾客，瞄准那些有利可图的顾客，与精心选择的顾客建立关系。一种极端的情况是，拥有众多低毛利顾客的公司会追求与他们建立基本关系；另一种极端情况是，拥有毛利很高但数量少的顾客的公司希望与关键顾客建立充分关系。

【练一练】

客户的需要、欲望、需求及市场供应物是市场营销的重要构成要素。结合生活中实际营销场景和自身经验，分享一个体现需要、欲望、需求、市场供应物要素转变过程的案例。

第二节 需求理论与差异化营销

一、用户需求层次理论

（一）五种类型的需要

美国人本心理学家马斯洛提出著名的用户需求层次理论（见图1-2），即把人的需要分成五类，从低层次到高层次分别是生理需要（physiological needs）、安全需要（safety needs）、情感与归属需要（love and belonging needs）、尊重需要（esteem needs）、自我实现需要（self-actualization）。

图1-2 马斯洛需求层次理论

1. 生理需要

生理需要是人类维持自身生存的最基本要求，主要包括空气、水、食物、睡眠、保暖等方面。如果这些需要得不到满足，人自身的生存就会成为问题。因此，生理需要是推动人产生行动的原动力。马斯洛认为，只有最基本的需要满足到生存所必需的程度后，其他的需要才能成为新的激励因素；获得基本满足的需要就不再是强烈的激励因素。

2. 安全需要

安全需要是人类对保障自身安全、摆脱失业和丧失财产威胁、避免疾病的侵袭等方面的需要，主要包括人身安全、健康保障、资源所有权、财产所有权、法律保障、工作保障、家庭安全等方面的需要。马斯洛认为，整个有机体是一个追求安全的机制。

【案例】

2010年是移动互联网时代开启的前奏时期，各大互联网公司都在探索自己的战略级增长点。对于奇虎360公司来说，安全市场是其试错后找到的战略级市场。安全业务和社交、搜索、电商等风口业务一样，是具备全民刚需属性的应用。用户手机安全领域市场支配权的争夺引发了之后的"3Q大战"，即360和腾讯QQ之间基于技术等层面的竞争。

"3Q大战"爆发的导火索是2010年春节期间，QQ医生3.2版本利用QQ新版本升级之机进行捆绑推广，该版本捆绑了与360安全卫士界面相似度高的杀毒软件；安装成功后，系统提示QQ医生和360安全卫士不兼容；之后，QQ医生与QQ管理软件升级合并成QQ电脑管家，其具备的主流功能与360安全卫士完全重合，且两者不兼容。这事实上把二选一的选择留给了用户。用户需要对满足自己安全需要的互联网应用程序作出取舍。

3. 情感与归属需要

这类需要是人的群居性生存方式的体现，包括友爱的需要和归属的需要。前者的产生是基于人人都需要有朋友之间、同事之间的融洽关系或保持友谊和忠诚，人人都渴望爱别人，也希望获得他人的爱；归属的需要源于人希望归属于某一个群体，成为群体中的一员，并在群体中相互关心和照顾。情感上的需要和一个人的经历、教育有关，比如诗词中提到的"但愿人长久，千里共婵娟"，表达的就是对远方亲人的思念之情。

"漂流瓶"功能是QQ邮箱中的一个非常明星化的功能，在QQ邮箱增速放缓的情况下，该功能于2010年推出后实现了用户翻一番的效果。当微信推出"附近的人""摇一摇"等满足陌生人社交需求的功能后，微信用户数快速增加。

4. 尊重需要

每个人都希望个人的能力和成就得到社会的承认，有稳定的社会评价。尊重需要又可分成内部尊重和外部尊重。内部尊重体现为人的自尊，具体是指一个人对自身处于不同情境中体现出的对环境的胜任、掌控的信任程度；外部尊重体现为一个人希望有地位、有威信，受到别人的尊重、信赖和高度评价，具体体现为成就、名声、地位等。马斯洛认为，尊重需要得到满足，能使人对自己充满信心，对社会充满热情，体验到自身存在的价值。

现在很多互联网产品都会带有"分享"功能，比如在每年年底各大App会推出年度总结功能，在其末尾会提示用户把自己的年度总结分享出去。此外，基于用户熟人社交关系的朋友圈成为各种信息的汇集地，成为承载了大量用户的尊重需要的表达途径。

【练一练】

曾经有一款叫脸萌的App，其核心功能在于帮助以"90后"为主体的用户制作属于自己的卡通头像。上线后3个月内，脸萌用户突破5000万人，海外用户超过1000万人。脸萌创始人还推出了激萌、轻颜相机、剪映等产品。请分析脸萌App能够快速火起来的原因。

【案例】

唱吧App是一款融合社交属性与工具属性的产品，满足了用户的在线娱乐需求，形成新的娱乐供给。该产品的工具属性吸引了用户，而社交属性让用户愿意留下来长期使用。唱吧早期的功能设置基于社交网络的打榜功能，还有送花的设置，用户每天可以送出3朵花，这实际上已经开始尝试虚拟物品售卖。

唱吧App最初的营销主要依赖产品本身的功能设置。比如用户唱完后，App会提示用户"你唱的歌打败了90%的人"，同时在分数下方设置分享到微博和朋友圈的选项。当用户的朋友在微博、微信上看到用户的分享后，就可能下载唱吧，听这个人唱的歌，点赞，甚至推其上榜，为用户提供了持续的心理满足感。很多用户为了打榜，也会主动分享到朋友圈，主动拉朋友上唱吧，形成具有强制力的二次分享。此外，唱吧还提供让陌生人看到的机制，即让排行榜靠前的用户的歌被其他陌生人看到。在喜欢这些歌的情况下，有些用户会成为其粉丝。以上三层分享机制，实现了App从"有限人传人"到"聚集传播",再到"爆发式传播"的完整传播链条设计。

唱吧创始人陈华认为,当用户通过产品获得成就感时的主动分享行为是产品内在传播力的体现。

5. 自我实现需要

自我实现需要是最高层次的需要,个人能够专注于自身热爱的事情,最大限度地发挥自身能力,完成与自己的能力相称的一切事情,体验心流,获得幸福与快乐。马斯洛认为每个人达到自我实现的路径因人而异。自我实现需要是努力挖掘自身的潜力,使自己逐渐成为自己所期待的模样。

【案例】

差点成为体育明星?钟南山的人生"跨栏跑"这样实现

钟南山,1936年出生,父亲钟世藩是中国著名的儿科专家,母亲廖月琴则是广东省肿瘤医院的创始人之一。虽出生在医学世家,但钟南山具有非凡的体育天赋,1959年,他参加第一届全运会,以54.2秒的成绩,打破了当时400米栏全国纪录,钟南山差点成为体育明星。

那一年,他22岁,挂着奖牌,露出洁白的牙齿,笑得憨厚。两年后,24岁的钟南山从北京医学院(现北京大学医学部)毕业,并留校任职,意气风发。

1971年秋天,钟南山南下广州,与家人团聚,成为广州第四人民医院急诊科一名医生。

回广州后不久的一天,钟南山和父亲闲聊到很晚。

父亲突然问他:"南山,你今年多大了?"

他回答:"35岁了。"

父亲淡淡地说:"哦,35岁了,真可怕。"

多年后,当钟南山院士接受采访时回忆此刻,神情不复平静。可怕的是什么?钟南山说:"我父亲是1932年从协和毕业的,他毕业时已经是一位比较优秀的年轻大夫了。我差得太远了,这对我当然是一种刺激,这个刺激,重新唤起了我对工作更强烈的追求,我要把失去的时间赶回来。"

面对难度成倍叠加的人生"跨栏跑",钟南山开始了"专业运动员"般的不懈奔跑,目标是:跑赢时间。

钟南山比任何人都更加努力。

在医院一线,他跟其他医生学习、实践到深夜,回家又见缝插针地研读医学专著和专业英语。仅仅8个月,他记录了四大本医疗工作笔记,瘦了12公斤,从一个临床上"咯血"和"呕血"都分不清的小白医生,变成了令人信赖的钟大夫。同事们说:"原先圆头满腮、双目炯炯发光、笑口常开的一个大小伙子,变得高颧深目,走路时也在思考问题。"

35岁，已近中年的钟南山，步入人生拐点，事业从此突飞猛进。

1979年起，钟南山先后担任广州呼吸疾病研究所副所长、所长。同年，43岁的钟南山在改革开放之初，赴英国爱丁堡大学医学院及伦敦大学呼吸系进修。

于是，我们逐渐看见了人生出彩的钟南山。

2002年11月，国内出现了第一例非典患者。面对凶险，他临危请命："把所有的重病人都送到我这里来，医院是战场，作为战士，我们不冲上去谁上去？"

2020年，当湖北武汉被新冠疫情笼罩，人心惶惶中，钟南山再次出征。在深夜的火车上打盹时，他的神情坚毅平和，仿佛只是赴寻常约会。

2020年8月11日，习近平签署主席令，授予钟南山"共和国勋章"。

院士之专业、战士之勇猛、国士之担当——正是从人生艰难中磨砺而出的"钟南山精神"。

年轻网友们毫不吝啬对这位大神的赞美："钟南山院士真的有让人安心的力量，事了拂衣去，深藏身与名。""他让我相信世上真的有超级英雄，大难来临时总会第一时间出现。"

《钟南山传》中有一则细节，钟南山的父亲在75岁高龄、眼疾非常严重的情况下，捂着一只眼睛完成了40万字的著作《儿科疾病鉴别诊断》。钟南山曾心疼地劝父亲别写了，父亲却说："不要写让我干什么？让我等死吗？"

钟南山希望自己的子孙永远记住家风第一条：要永远有自己的追求。

那位22岁的追风青年，一直活在85岁的钟南山心里。

资料来源：陈敏. 钟南山：35岁前，我也曾迷惘［J］. 中国青年，2021（12）：42.

【练一练】

从产品满足用户需求的角度，分析以下App分别如何体现了马斯洛需求层次理论的内容。

（1）余额宝

（2）杭州西湖益联保

（3）Keep

（4）抖音

（5）王者荣耀游戏

（6）直播

（7）美颜相机

（二）马斯洛需求层次理论基本假定前提

马斯洛需求层次理论有两个基本假定前提。

第一，人人都有需要，低级别的需要获得满足后，更高级别的需要才出现；在多种需要未获满足前，首先满足迫切需要；该需要满足后，后面的需要才显示出其激励作用。

第二，某一层次的需要相对满足了，就会向高一层次发展，追求更高一层次的需要就成为驱使行为的动力。比如，微信1.0版本上线时，主要提供跨平台免费短信功能，但当时大部分用户有各种免费的运营商短信包，这使"省钱"作为一种需求并不强烈。直到2011年5月微信发布具有语音功能的2.0版本，才使其快速超越飞信、米聊等同类产品。

在互联网运营的实践中，用户的需求范围基本上不会超出马斯洛需求层次理论所解释的范畴。因此该理论可以指导企业整个用户运营的全流程，有助于企业精准把握用户需求，从而有效激励用户与产品的互动。

【练一练】

以当前同学们手机上已下载的App为范围，每个同学选择2个App，且每个所选的App满足用户三种及以上的需要类型（根据马斯洛需求层次理论）。

分析结果包括：（1）根据马斯洛需求层次理论，每个App体现的需要类型；（2）从产品功能角度，分析每种需要在该App上的具体体现形式。

二、长尾理论

克里斯·安德森在其著作《长尾理论》一书中提出长尾理论和长尾曲线。

（一）长尾曲线

长尾曲线最初是指将不同产品的销量进行由高到低的排序后所绘制的二维曲线图。长尾曲线的横坐标表示产品名称或产品种类，纵坐标表示产品销量（见图1-3）。

当长尾曲线的横坐标标识的产品种类足够多时，可将曲线分为头部和尾部，头部一般表示受顾客欢迎且销量好的产品，而尾部表示顾客有需求但是销量较少的产品。在以线下交易为主的模式下，商家一般选择销售销量好的产品，而较少备货销量少的产品。

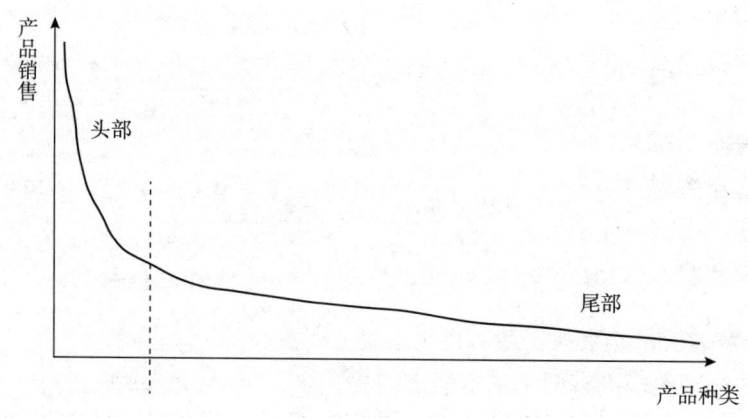

图1-3 长尾曲线

（二）长尾理论的应用

"长尾"实际上是统计学中幂律（power laws）和帕累托分布（pareto distributions）

特征的口语化表达。长尾理论说明由于成本和效率的因素，当商品储存、流通、展示的场地和渠道足够宽广，商品生产成本急剧下降以至于个人都可以进行生产，并且商品的销售成本急剧降低时，几乎任何以前看似需求极低的产品，只要有人销售，就会有人购买。这些需求和销量不高的产品所占据的共同市场份额，可以和主流产品的市场份额相当，甚至更大。举例来说，一家大型书店通常可摆放10万本书，但亚马逊网络书店的图书销售额中，有1/4来自排名10万以后的书籍。这些"冷门"书籍的销售比例快速成长，可占整个市场的一半。

长尾理论意味着消费者在面对无限的选择时，真正想要的东西和想要取得的渠道都出现了重大的变化，一套崭新的商业模式也跟着崛起。简言之，长尾所涉及的冷门产品涵盖了几乎更多人的需求，当有了需求后，会有更多的人意识到这种需求，从而使常规意义上的冷门产品不再冷门。长尾曲线的"头部"体现经济学意义上的规模经济，而相对地，长尾曲线的"尾部"体现经济学意义上的范围经济。

经过移动互联网发展早期的"千团大战"，美团是最终存活下来的团购网站，其核心业务主要依靠外卖和电影票销售，而这两种需求需要依赖本地线下市场的供给，美团基于移动互联网的定位服务（LBS）功能整合了众多零散需求，让需求曲线从尾部走向头部。

快手短视频的流量分发规则也有长尾理论的应用。快手最初的算法是将最近3天点赞最多的视频推送到最前部，结果导致最先展示的视频总是集中于少数的发布者。于是算法推荐团队加入随机流量，让更多普通人的作品也能得到曝光，即流量普惠分发。快手将头部内容的流量限制在30%以内，而给后面的长尾内容70%以上的流量，并且引入经济学中基尼系数的概念，试图平衡不同内容之间的流量"贫富差距"。简单来说，即使再一般的内容，算法也会给予几百万的推荐展现量，以激励非专业创作者持续创作。基于流量普惠分发的算法，新手用户制作的视频哪怕制作粗糙，也会被及时推荐给周围的人。

总的来说，长尾理论在信息经济时代得到极大的应用，尤其是在移动互联网中。移动互联网业务的特点是基于LBS业务整合用户的高频和低频需求，将高频需求作为引流入口，叠加低频需求形成核心竞争力，转化成标准化产品形成竞争壁垒。

【练一练】

1. 分析在实际生活中出现长尾现象的细分领域并绘制针对该细分领域的长尾曲线，确定曲线的横坐标和纵坐标，并对曲线进行简要解释。

2. 找出2~3个实际生活中出现长尾现象的产品营销案例，具体描述商家如何实现差异化以满足头部和尾部客户的需求。

3. 阅读参考文献中《长尾曲线》一书，了解长尾理论提出的时代背景以及该理论对于互联网营销模式的重要启示。

第三节 差异化营销

一、差异化营销产生的现实背景

第一,一个产品无法满足所有人的需求,只能满足一部分人的需求。以金融服务客户的长尾模型为例。长尾模型体现为长尾曲线,其曲线左侧的头部是传统金融机构的生存空间,主要服务资产规模更大、理财和投资意愿更强的用户。在长尾阴影部分,这部分用户由于持有的资产额度较小,理财的意愿和能力不是特别强烈。传统金融采用线下服务的方式很难实现广泛覆盖,因此这部分用户成为传统金融放弃服务的群体,而这恰好是金融科技企业采用线上标准化服务的对象,成为金融科技企业的业务新增长点。

第二,当存在竞争摩擦,需要使用差异化措施抢占市场时,营销的必要性就体现出来了。市场营销涉及在竞争中为最终消费者提供服务,比如银联云闪付在占领市场时,在多个城市推出 1 分钱乘公交活动,获得大量的新用户。

第三,消费者越来越追求除使用功能外的附加价值,比如满足自身情感需要等。电影《大腕》中曾经用戏谑的方式表达商品经济时代用户对更好生活的期待。

第四,企业与潜在用户之间沟通方式的变化,消费者的主导性增强,对市场营销的方式和客户维系产生了深远的影响,企业与消费者之间联系得更深,互动性更强。

二、差异化营销与无差异营销

差异化营销是相对无差异营销而言的。无差异营销战略又称为大众营销战略。一个公司可能决定忽略细分市场的差异性,仅推出一种产品来服务整个市场。这样的营销战略关注消费者共同的需求而不是差异性需求。公司会设计一款产品或营销计划去吸引最大数量的购买者。往往现实生活中涉及的爆款营销,就是无差异营销的一种典型体现。

差异化营销战略又称为细分营销战略。公司决定同时经营多个细分市场,并为每个细分市场设计不同的产品。通过向细分市场推出相应的产品与营销方案,公司期望在每个细分市场获得更高的销售业绩与竞争优势。当然,差异化营销增加了商业成本。为单一细分市场单独开发一个营销计划需要增加额外的营销调研、预测、销售分析、促销计划与渠道管理等成本。因此,当公司实际决定采取差异化营销战略时,需要对其收益和成本进行权衡。

在无差异营销战略和差异化营销战略之间还有集中性营销战略,即追求一个或几个市场的大份额而不是大市场中的小份额。

三、差异化营销的类型

在建立客户关系时,企业不能再仅仅依赖入侵式市场营销,而需要创造有顾客参与的市场供应物和信息。在实际操作中，差异化营销包括以下三种类型。

（一）价值差异化

价值差异化体现为用更少的钱交换更多的价值。该营销方式的目标用户追求物美价廉，希望获得实惠。例如，奶茶的中杯、大杯、超大杯采用不同的定价方式，大杯只需要比中杯多花 1 元钱；再如，飞机上的商务舱、公务舱、经济舱的不同定价方式，能够吸引不同类型的用户。曾经在移动互联网发展早期，有一款名为"今日特价酒店"的 App 非常火爆，该产品刚好契合想用半价住星级酒店的用户需求。在互联网营销模式中，拼多多最初目标客户定位"小镇青年"，通过低价吸引大量用户；一些 App 推出会员包月服务，会员服务时间越长，会员价格越便宜。

（二）情感差异化

该营销方式适用于那些愿意多花一些钱去交换产品或服务的客户。比如，在笔记本电脑市场中，不仅有适合学生群体的游戏本，也有适合日常办公人员的商务本，前者追求性价比，后者追求性能的稳定性，当然后者的价格会更高一些。尽管用户已经养成线上购物的习惯，但是线上市场无法完全取代线下市场，原因在于线下可以更好地提供服务。新零售模式探索线上线下一体化，将线下市场作为服务体验的入口，由线上市场提供可以覆盖更广泛用户的标准化产品或服务。

（三）价值观差异化

该营销方式注重把握人性心理，关注产品对人群身份象征的塑造。比如 8848 钛金手机、小罐茶等产品关注高端人群的身份象征塑造，而电商平台出现的国潮风尚则是基于国内年轻人对时尚潮流和传统文化的双重关注。

【练一练】

基于生活实际体验，为每种差异化营销类型找一个体现其营销内涵的合适案例。提交内容包括案例名称，案例所体现的差异化营销类型及具体体现。

【课后思考】

1. 马斯洛需求层次理论中五个层次从下到上分别是什么？
2. 差异化营销的三种类型是什么？
3. 企业的竞争对手对该企业的营销会产生哪些影响？

第二章

互联网用户运营概述

【学习目标】

□ 知识目标
1. 了解互联网运营的产生过程及特征。
2. 了解互联网运营岗位及其职业发展路径。
3. 理解互联网运营的定义及运营目标。
4. 理解互联网运营的主要内容。

□ 能力目标
1. 能够分析产品与运营工作的不同。
2. 能够分析 AARRR 模型的内容及每个模块中用户行为的具体体现。

□ 素质目标
培养学生关于用户运营岗位的职业道德。

第一节 互联网用户运营的产生

一、从企业营销、企业运营到互联网运营

(一) 传统企业向互联网转型带来的岗位变化

企业生产行为具有高度的组织性、科学性和技术性，是企业各项行为的基础；生产关系把劳动者和生产资料结合起来，使企业的人力资源和物力资源得到最充分、最有效的应用。在制造业生产时代，工厂有形商品的生产活动被称为生产（production）或制造（manufacturing），提供服务的活动被称为运营（operations）。在早期的企业经营实践中，运营统筹属于内部管理职能范畴，即企业运营职能，包括企业运转过程中密切相关的一些活动，比如生产能力预测及计划、生产进度安排、库存管理、质量管理等。企业的首席运营官（COO）、运营副总裁的岗位设置是服务于企业内部的运营管理职能的。由此可见，最初的运营活动聚焦于企业的运作过程，以确保生产环节能够顺利提供产品或服务。在制造业的语境下，企业运营是狭义的运营概念。

第二章　互联网用户运营概述

随着生产力的发展，大量生产要素转移到商业、交通运输、公共事业、金融等其他服务性行业，传统的流水线生产带来的诸多概念已经不能反映和概括服务业所表现出来的生产形式。随着服务业的兴起，生产的概念进一步扩展，逐步容纳了非制造的服务业领域，包括有形商品的生产和无形服务的提供。

未来制造业的竞争力不在于制造能力本身，而是制造背后的服务和体验，并将与服务业深度融合。人工智能将定义人们未来的生活方式，会带来社会变革，也会变革未来的制造业和服务业。传统制造业将从规模化、标准化向个性化、智慧化和按需定制转型，而个性化与智慧化的产品意味着全生命周期的产品服务理念。

随着信息技术的发展和人工智能技术的深度应用，代码开发成为新的生产模式，用户接触到的软件产品即服务内容。传统制造业的产品服务模式逐步向 IaaS（Infrastructure as a Service，基础设施即服务）、PaaS（Platform as a Service，平台即服务）、SaaS（Software as a Service，软件即服务）转化。

中国互联网的魅力在于，每当基础建设重新升级、新的用户群体重新出现、整个实体经济数字化纵情向前时，都会叠加出新的需求，产生新的创新者和新的商业可能。[①]

传统营销的供应链长、成本高、厂家与经销商博弈、层层加价、终端价格高的模式逐渐被去中介化的新模式所替代。营销模式由传统的单点结构向网状结构转变。用户与渠道之间的传播模式从单点孤立变化为网状（用户和用户之间也可以发生联系），用户和用户之间形成新的价值维系。互联网对于用户的最典型价值在于给用户赋能，将用户的权利和价值更多地呈现出来。用户的话语权越来越大，企业更需要找到撬动互联网用户力量的方法。

【案例】

饿了么平台最初主要面向校园市场运营。最开始的运营方式是向宿舍印发小册子（小册子上印有周边餐馆菜单），用户根据小册子上的信息给平台打电话订餐，平台再将订单信息发送给餐厅，平台从订单中抽成，平台取餐后做外卖的配送。之后，饿了么创始团队对这种中心化的模式进行创新，演化成平台 SaaS 模式，用户可以直接在网站上点餐，已经安装 SaaS 系统的餐馆可以直接在电脑上接单。这套 SaaS 系统成为饿了么平台快速拓展市场的重要武器。

【练一练】

1. 分析互联网运营职能和制造业运营职能的相同点和不同点。
2. 分析 IaaS（Infrastructure as a Service，基础设施即服务）、PaaS（Platform as a Service，平台即服务）、SaaS（Software as a Service，软件即服务）三种互联网产品服务模式的不同，并以互联网产品举例说明。
3. 分析互联网运营职能与市场营销职能、销售职能的联系。

---

① 林军，胡喆. 沸腾新十年 [M]. 北京：电子工业出版社，2021.

（二）互联网产品发展历程

互联网运营与互联网产品发展的历程紧密相连。互联网产品决定了用户与产品互动的方式，也决定了运营的方式。

1994年4月，NCFC（中国科学院主导的"中关村教育与科研示范网络"）率先与美国 NSFNET（美国国家科学基金会资助建立的因特主干网）直接互联，实现了我国与因特网全功能网络链接，这个时刻是我国互联网发展的里程碑。互联网的兴起，让世界进入信息互联的时代，信息的传播效率大大提高。

1997年之后的几年，网易、搜狐、新浪、腾讯等信息门户网站纷纷上线，用户可以浏览大量信息，解决了获取海量信息的需求。该时期用户只能单向地获取网站所呈现的信息，即网站提供什么，用户就看什么。这个阶段被称为 Web1.0。

用户不满足于通过互联网获取信息，还希望能够评论、上传甚至贡献信息，这时候互联网兴起了论坛和博客。当时知名的论坛如天涯、猫扑网等，满足了用户发表内容、评论别人的内容的功能。互联网产品可以促进用户之间的互动和讨论。博客的诞生，标志着互联网进入人和信息互动的 Web2.0 时代。该时期的用户可以将自己的信息通过互联网平台传播和影响他人，互联网信息的规模得到爆炸式增长。

之后，以人人网为代表的 SNS（Social Networking Services，社会化网络服务）互联网产品形态出现，通过产品实现人与人、人与信息的联结和交互。随着移动互联网技术的发展，社交网站已经开始细分场景满足用户的需要，比如专注熟人社交需求的微信、关注陌生人社交需求的陌陌、聚焦职场社交需求的脉脉等，都积累了大规模的用户。

微博是一款互联网世界里的革命性产品，它让每个人成为信息世界的一个节点，既可以接收信息，也能够发布信息，人人具备成为自媒体的技术条件。微博作为一种互联网典型产品深刻影响了社会的沟通方式，甚至可以说重塑了沟通模式。自媒体为每个人提供了平等表达的平台，个人的平等感和存在感得到技术上的充分实现。目前，微博等自媒体成为政府了解舆情和发布权威信息的重要通道。具有"中心化+点对面"传播形态的新浪微博改变了社会与信息、人与信息以及信息与商业之间的关系，成为中国互联网在移动时代第一个也是长期重要的基础设施。

2011年，具有语音形式通信功能的 TalkBox 产品上线后，各种典型的基于智能手机的传感器而产生的新应用不断涌现。随着3G、4G、5G等通信技术的普及，数据传输速度大幅度提升，视频等素材加载速度更快，以微信为代表的即时语音服务逐渐成为用户生活中高频使用的产品。

移动互联网时代，基于移动设备的信息生产和分享会更加碎片化，对应的信息分发平台需要更好地匹配碎片化信息。通过深入挖掘智能手机某个传感器功能，形成应用创新，再以这个创新为起点进行某个领域的模式变革，成为互联网产品创新的新路径。越来越多的互联网产品开始深入渗透到用户的各种生活需求，比如便捷支付、余额理财、订餐等场景。

互联网产品已经从最初的实现信息联结，逐步发展为实现人与服务的联结。每一种产品力争成为用户的一种生活方式的载体。互联网产品的形态越来越多样，产品功能越来越复杂，但是用户操作流程却越来越简洁。未来社会呈现出万物互联、人人参与的融合特征。

（三）互联网运营与互联网产品工种的产生

在"大众创业，万众创新"的号召下，不仅传统企业在互联网思维的影响下纷纷转型，一批新兴企业也如雨后春笋般涌现出来，越来越多的产品朝着互联网化发展。

互联网产品的发展经历了由简单到复杂、由单一功能到多功能的过程。互联网产品的迭代过程体现了人借助技术工具拓展自身功能的实践，即互联网产品成为人的支配功能的延伸和人的思想意志的实现方式。互联网产品的功能越来越多，应用的场景越来越丰富。具有良好体验的互联网产品深度融合了人对自身需要的满足方式。这些产品大多从一个技术方向切入，逐渐形成了自身特色。

从技术实现角度来看，互联网产品一旦完成开发后上线应用，本身就代表了某一类功能的标准化实现方式。如果互联网企业还停留在开发纯粹的技术功能性产品，毫无疑问会陷入红海竞争，即产品的同质化。因此互联网企业需要用技术去开发适应和满足不同群体不同需求的应用性产品，此时互联网产品逐渐从依靠原生技术驱动向依靠用户需求驱动转化，回归开发的初衷——解决用户的使用痛点。负责收集用户需求、将用户需求转化为产品需求并跟进产品需求的开发上线等新的岗位需求催生了产品经理岗位。事实证明，了解市场需求并用合适的方式去实现需求的能力，成为现代企业在"互联网＋"时代生存的核心竞争力。

互联网产品的竞争壁垒离不开技术、产品、运营三个方面，因此程序员、产品经理、运营经理成为以互联网产品为主导的企业的核心岗位。技术赋予一个个产品以血和肉，而运营赋予产品灵魂。一个产品最终成为何种形态，受到用户需要、运营需求、时代趋势等因素的深刻影响，连我们生活中最常见的微信产品，其形态也处于不断变化之中。产品人员和运营人员从项目开始之初就参与到项目中，发挥运营的积极作用。

互联网运营岗位的产生是互联网产品不断更新迭代后的产物。与互联网发展初期不同的是，技术已经不能完全成为互联网产品的竞争壁垒，技术已经发展到标准化、可复制程度高的阶段。功能相同或相似的产品，却可能经历完全不一样的发展之路。有些产品很快被用户所遗忘，有些却成为用户持续高频使用的产品，用户感知到的产品氛围、关系联结等软性功能成为影响用户持续使用产品的关键因素。拥有运营壁垒的产品会拓展企业的生存空间，因此互联网运营岗位逐步受到重视。

在现代互联网语境下，运营多指互联网运营；根据运营的不同职责，分为产品运营或用户运营等职能部门。本书所探讨的运营指互联网运营，是基于互联网产品面向用户开展的运营活动。从本质上来说，互联网运营和传统运营都是围绕产品进行的，区别在于传统运营是以保证产品顺利生产、交付销售为目标，而互联网运营是以加强用户和产品的黏性为目标；传统运营的关注焦点在于生产流程，而互联网运营关注用户的使用体验和用户基于产品功能所实现的情感需要满足。

（四）互联网运营是对传统市场营销的变革

伴随互联网产品的进化与迭代，产品的用户和客户被重新定义。用户是指使用产品的人，客户是指为产品付费的人。由于互联网产品本身跨空间和跨时间的性质，使用者和付费者往往不是同一个人。由于互联网产品注重用户体验，因此往往会给用户提供免费体验的机会，用户觉得满意后再付费。体验营销作为互联网运营的一部分，本身是对传统市场营销的变革。从此角度看，运营活动首先连接了产品和用户，然后为用户向客户转化提供了新的体验点。

对互联网产品来说，运营职能融合了以体验为特征的互联网产品的营销能力和销售能力，即互联网运营同时实践着营销和销售两种职能，销售结果是营销目标的达成状态，因此互联网运营本身是以营销手段为载体的销售行为。实际业务中将运营分成两大类：产品运营和用户运营，前者是指从产品功能优化角度出发，满足用户的使用需求的运营活动；后者是指从产品的活动角度出发，通过开展各种活动实现用户的留存、活跃等目标，直接激励用户发生预期目标行为的运营活动。两者的区别在于是通过功能直接满足用户的使用需求，还是通过利益刺激或情感刺激满足用户的需求。

产品本身是实体，在实体基础上满足了用户生活或情感需要。用户运营从业者的工作内容脱离不了对产品功能的理解。对用户的经营是互联网运营工作的基本主线，用户运营的各种手段都是为了达成与用户更好沟通的目标。好的产品与好的运营相辅相成，好的产品可以降低运营的压力；产品弱，运营的效果便会大打折扣。

二、用户运营岗位定位

（一）用户运营到底是什么

在网络上流传着关于运营和产品的俗语："产品生孩子，运营养孩子""产品把东西想出来，技术把东西做出来，运营把东西用起来。"其中"孩子"是指具体的某个产品。该说法形象指出了运营所处的阶段以及承担的职能。

百度百科对运营下的定义是对用户群体进行有目的的组织和管理，有针对性地开展用户活动，提升用户黏性、用户贡献度和用户忠诚度。

互联网行业从业者认为互联网运营是基于互联网产品，以最低的预算、最优的路径、最高效的执行、最有效的手段吸引忠实用户，建立产品在市场上的竞争壁垒，最终占有市场的过程。从写文案到用户沟通，再到上线活动、审核内容等，在产品上线后存在的与产品有关的诸多任务需要运营来完成。一款产品配一个产品经理可能够用，但是一个产品需要配多个方向的运营。以跨境电商为例，除了常规的活动运营、品类运营、内容运营之外，还要新增海外运营负责跨境业务。

毫无疑问，产品是互联网运营存在的基本前提，也是价值起点，没有产品及其附加的价值，运营就是空中楼阁；用户是企业通过产品媒介的互动对象；运营的价值在于使产品的价值最大化，从而实现用户价值最大化。用户通过使用产品，付出时间、金钱甚至情感等，形成对产品的依赖，最终形成对产品的忠诚，企业的商业价值得以实现。

互联网运营是以产品为价值基点,吸引、激发、维系、服务用户,实现用户和产品价值最大化的所有行为过程及驱动上述行为过程所需要的方法、策略、工具的总和。[①]

综上所述,本书将互联网用户运营定义为依据企业战略制定具体实现策略,承担企业与用户之间沟通的媒介,驱动用户成长实现产品价值最大化的活动。用户运营的最高境界是做到四两拨千斤,依靠小成本做出大效果。

【案例】

2022年6月,中国银联联合中国民生银行推出全民生活App云闪付版专享优惠活动。每日6点起,用户使用全民生活App云闪付版在京东到家App、多点App支付,将有机会享受满50元减10元优惠。该优惠活动持续至2022年12月31日。

策划与上线活动属于用户运营岗位的日常工作内容之一的活动策划模块。一个活动的上线需要经过确定参与对象、活动页面设计、用户参与规则(活动规则)、活动时间、优惠券使用门槛、活动成本测算等多个环节。活动可以作为推动用户发生消费行为的契机,活跃用户,实现小成本大效益的效果。

(二) 用户运营在企业组织架构中的位置

现代互联网企业的组织架构包括B端、C端、T端、D端等职能,其中B端是指商务端(Business),具体职能包括商务拓展、商家合作等;C端是指用户端(Customer),具体职能包括实现用户获取的市场推广岗、实现用户成长的会员运营岗、实现用户沟通的客户服务岗等;T端是指技术端(Technology),具体职能包括产品开发、测试、运维等;D端是指数据端,而衔接B端、C端、T端的主要职能是产品岗,对应的从业者是产品经理。几乎所有企业都离不开产品、开发、运营这三个角色。比如,企业需要通过官方网站、微博、微信公众号等渠道去向用户或者潜在用户传递信息,而这些渠道需要新媒体运营人员来维护和运转。这类新媒体渠道的运营属于互联网用户运营工作的一部分。

以某金融科技企业市场运营部的组织架构为例分析(见图2-1),一般运营团队和市场团队同属于市场运营部门,其中市场团队负责获客,即从市场各渠道(非邀请渠道)中挖掘潜在用户,进行广告投放,获客目标的里程碑在于用户完成注册;运营团队负责通过邀请来源渠道获客以及新注册用户的转化和成长,负责高价值用户的维护、流失用户的挽回等。

(三) 用户运营的分类

实际上,从用人单位招聘运营人员的岗位来看,不同的分类维度将运营分成不同的细分岗位。比如按照业务属性分类,分为电商运营、游戏运营;按照客户端分类,分为App运营、网站运营等;按照运营内容的侧重点来分,分为品牌运营、产品运营、

[①] 苏海海. 互联网产品运营教程[M]. 北京:中国铁道出版社,2018.

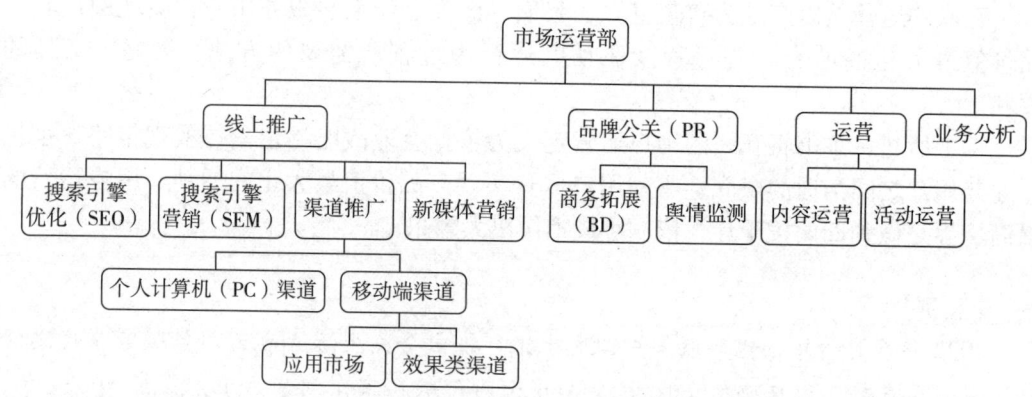

图 2-1 某金融科技企业的市场运营部组织架构

类目运营、渠道运营等;按照用户所属的渠道属性分类,分为新媒体运营(微信、微博、抖音、今日头条等)、社群运营、社区运营、应用商店运营等;按照运营内容团队所负责的内容细分,分为会员运营、活动运营、产品运营、数据运营等。

实际工作中,并不是一个角色就代表着一个岗位。多数情况下,尤其是在初创企业,往往一个人兼顾多种角色,比如一个运营专员,不仅需要完成文案写作,还需要设计海报,甚至制作简单网页;只有在规模较大的企业里,运营团队才会精细化分工。以新浪微博内部与用户价值提升有关的团队和分工为例,具体包括用户运营团队、产品运营团队、垂直频道运营团队及其组合团队;其中用户运营团队负责对站内用户进行精细化分类,针对每一类用户制定针对性运营策略,通过一套机制,整体提升多个业务环节的运作效率;产品运营团队是从产品功能优化角度,负责提升微博 App 的整体留存、注册、活跃用户等;垂直频道运营团队负责时尚、教育、娱乐等垂直品类的运营,保证垂直品类下的用户活跃;产品运营团队和垂直频道运营团队负责一个业务单元或环节的效率提升。

【练一练】

通过互联网招聘平台搜索 3 家及以上企业发布的运营岗位招聘需求,分析其岗位职责和任职要求。

(1)完成岗位分析表,表头包括岗位名称、招聘企业、工作经验要求、岗位职责、任职要求等。

(2)概括所检索岗位的典型工作任务和所需的职业技能。

三、用户运营岗典型工作任务

无论用户运营如何分类,都离不开需求分析、内容建设、活动策划与品牌输出、数据分析、用户成长体系搭建、项目管理 6 个模块的典型工作任务。

(一)需求分析

互联网产品的市场竞争早已从卖方市场转变为买方市场,用户在选择满足其需要的产品时有多种选择方案。往往用户只会关注与自己密切相关或者对自己有用、有益的东西，即"真"需求而不是"伪"需求。企业需要仔细研究用户，并将产品的功能卖点和用户的需求痛点相结合，让产品从"能用"向"好用"的方向进行更新迭代。

需求分析是指运营人员通过日常的用户沟通或用户调研，收集用户在产品功能、使用习惯等方面的意见及建议；捕获用户需求，进行竞品分析，了解最新玩法，在产品功能、内容创造层面能够提出专业性的优化建议，并监督执行。

（二）内容建设

在传递产品信息、促进用户对产品理解的过程中，需要借助内容信息作为载体。无论产品提供什么样的价值，都需要具体内容来表达。内容具体体现为新媒体上的留言互动、公众号的推文、官方网页的产品简介等。总之，一切由企业发出，主动引导用户看到，并使用户产生有关产品的理解和联想的文字、图片等符号，都可以视为内容。

内容建设包括内容的生产、内容的呈现和内容的传播三个方面。

（三）活动策划与品牌输出

附着产品价值的内容是静止的，只有流动起来才能发挥其使用价值，这就需要靠活动来驱动内容的流动。运营从业者以内容为载体，通过各种各样的方式激励用户亲自体验产品。活动是驱动附着在内容中的价值流动的适应性机制，在活动中通过一定的流程步骤和方法策略，可以使产品的价值得以传递和扩散。活动策划与品牌输出的目的是与用户互动和保持联系，通过选取用户感兴趣的话题，策划具体传播效果的活动，提升品牌知名度和口碑，从而提升用户量、活跃度、留存率等关键指标。

活动的灵魂在于"巧"，好的活动就像是用户运营工作的巧劲，实现"四两拨千斤"的效果。比如，2014年春节的微信红包产品，除夕夜共有482万人参与抢红包，零点前后的流量高峰期平均每分钟有2.5万个红包被拆开，微信支付迅速积累了数以亿计的用户规模。围绕支付这盘大棋，支付宝开始全面应战。当时北京市民使用支付宝打车，就有机会获得单笔最高200元的免单额度或5元现金返还。之后，使用微信支付的滴滴推出补贴活动：用滴滴打车并用微信支付的乘客，每一笔车费减免10元，且额外补贴10元给司机，快速形成口碑。

活动策划包括活动目的、活动策略、活动流程步骤、活动执行、活动效果分析等。

（四）数据分析

活动本身消耗成本。数据分析的目标是监控用户的状态以及提升成本的使用效率，促进用户运营目标的达成。运营从业者负责运营数据的监控，收集核心数据、行业数据等信息并深度挖掘和分析，提出改善产品和用户体验的新方法，并不断尝试和改进；能够使用PPT或其他图表化的方式做项目陈述，使用数据来体现自身的工作价值。因此从业者需要对数据具备一定的敏感度，能够与商业数据分析团队的同事进行技术沟通和协作。

（五）用户成长体系搭建

用户成长体系是按照用户与产品的关系紧密程度将其分层分类，采用不同策略进行有针对性的经营，促使用户自发地由低级别向高级别转化。用户成长体系是一个框架，可以明晰用户成长路径，有效规划用户行为，为用户提供进步、成就、奖励、依赖等驱动力，引导用户达成既定目标。

用户成长体系搭建具体包括会员成长体系搭建、积分体系搭建、荣誉激励体系搭建。

（六）项目管理

项目是为了创造独特的产品、服务、成果而进行的临时性工作，需要运用一系列的方法、工具、技术使项目达到既定目标。项目具有明确的目标和时间范围，项目管理涉及成本控制、进度控制、质量控制。运营的工作内容涉及非常多的临时项目，比如节日活动、会员权益活动等，需要协调内部和外部资源，内部资源包括协调活动、新媒体、互联网广告位投放、公关等，外部资源包括界面设计、客服、开发等。因此用户岗位需要具备项目管理能力，能够实现部门内部和跨部门的沟通，争取异业资源，保证活动如期上线，达成既定的绩效目标。

四、企业都需要的三类运营

与传统商品"开发功能—上架产品—推广销售—售后服务"的线性流程的模式不同，互联网产品赖以存在和发展的基础是不断吸引更多用户使用，并尽可能延长用户和产品关联的时间，用户越多、用户与产品的关联时间越长，则产品的商业价值就越大。互联网产品和用户的关系不是一次性买卖关系，而是长期的依赖共生关系。对用户的经营是经营互联网产品的基本主线。根据用户生命周期曲线，用户与产品的关系是一个从陌生到了解，从体验到多次使用再到产品依赖的发展过程。在整个过程中，运营从业者要使用各种手段使各个环节的效果最大化，即尽可能让更多的用户发现产品、关注产品、使用产品、依赖产品，最终拉近用户与产品的关系。

（一）无处不在的内容运营

内容运营是指通过创造、编辑、组织、呈现网站内容，提高互联网产品的内容价值，提升用户对产品的黏性和活跃度，对用户的消费决策产生一定促进作用的运营手段的集合。比如电商的商品信息、门户网站的时事热点、论坛的话题板块等，都是通过内容为用户提供服务的。内容无处不在，互联网产品一定需要内容进行填充。不同功能的产品，所提供的内容类型不同，内容侧重点不同，视觉设计不同，互动方式不同，给用户带来的感知不同。

一般内容运营的主要职责是整体规划内容板块的定位和编辑维护，负责日常以及节日/热点专题的选题策划及内容撰写，联系优质内容创造者，进行内容输出，提供内容的曝光量。因此内容运营的常规手段包括规划、采集、创作、审核、编辑、呈现、推送、输出等手段，对产品中的图片、文字、视频、音频等内容类型进行加工，实现内容的整体呈现效果。

内容运营常见的四种手段包括策划内容专题、推送内容消息、智能推荐、内容站外输出，实现让用户看到优质内容的目的。

（二）逼你"剁手"的活动运营

活动运营是针对不同目的、不同性质的活动进行策划、准备、实施、复盘的动作。相比于"润物细无声"的内容运营、用户运营，活动运营追求引爆效果，即短期内看到关键指标的快速提升。比如，对电商平台来说，活动运营的效果是促进用户"买买买"。

活动运营岗从业者需要负责活动的整体策划与实施，同时通过用户、产品、内容等类型活动的运营，达成拉新、转化、促活、重复购买、品牌传播、交易额提升等业务目标。大多数情况下，上述业务目标之间相互关联，比如销售额受活跃用户数、转化率、客单价的影响，提升销售额的方法包括增加活跃用户数、提高转化率、提高用户交易的客单价等。

在电商活动中，免费、秒杀、低价抢购、打折是最容易引起用户关注的活动形式。

（三）有趣有爱的会员成长运营

用户运营的核心内容之一是对平台用户进行分层管理，具体体现的形式即会员管理，实现针对不同人群制定差异化的运营手段，提升高价值用户的黏性和忠诚度。具体来说，会员运营需要做以下工作。

第一，洞察用户，即通过问卷调研和访谈等定性研究方法或可用性测试等定量研究的方法，了解用户对产品的使用情况，找到其中典型关键意见领袖，并梳理反映其内在动机的用户故事地图。

第二，管理用户，即根据用户行为数据进行分层管理，为每一层级用户制定不同的运营策略，建立每一层级用户行为预警机制。比如，对当月新增的新用户进行数据分析，给连续7天内有3次及以上产品访问行为的用户发放优惠券，促进这部分用户快速进入交易用户转化路径，提升用户在用户成长体系里的等级。

第三，活跃用户。除了进行日常的行为管理外，还需要针对不同性质和层级的用户，利用不同的运营手段（活动、社群、推送等）来提升用户活跃度。

第四，通过用户标签识别差异化用户，让属性相近的用户在特定的场景下聚集，同时调动规模化用户进行场景的站外传播。例如，秒杀活动，对价格敏感的用户更有效。很多时候，秒杀不仅表现为一种活动，还可以表现为一种特定的能够积累大量用户的运营场景，作为筛选用户的标签固定下来。

不过，将用户分层管理和运营手段固化到用户使用的产品功能中，无疑是效率较高的手段，但是产品功能需求是需要基于产品对于用户的长期稳定价值来取舍的。因此，在尚未达到运营需求功能化的情况下，为了节约开发成本和提升上线效率，用临时的静态页面呈现信息即可。

五、运营人员与产品人员的关联

从职责上来说，产品人员的职责是创造有价值的产品，规划产品从0到1的开发路线图，以用户需求为驱动，为目标用户提供价值。运营人员的职责是让产品的价值发挥出来，让更多用户了解关注产品、使用产品，乃至依赖产品。前者的工作重心在于赋予产品价值，后者的重心在于让用户认识并习惯使用产品。在具体工作中，产品人员和运营人员相互协作，共同驱动产品价值的最大化。具体来看，产品人员的工作内容面向需求，给用户提供基于产品的长期价值，重视持久、稳定的满足方式；运营人员面向用户，创造短期价值，注重及时的刺激效果。

从从业者的素养来看，产品人员的思维与运营人员的思维不同。产品人员需要掌握一定的技术开发知识，对逻辑性要求高；而运营人员的思维是发散式、跳跃式的，这与运营工作中重视细节、对用户需求敏感、创造性策划活动等典型工作的要求相关。

【案例】

2022年6月28日，中国银联与中信银行合作开发的中信银行App（云闪付版）上线。双方按照"统一标识，统一体验，统一接口"的原则，基于云闪付网络支付平台，集成云闪付与中信银行App的二维码支付、线上远程支付、银行卡管理等产品功能，为用户提供覆盖更全商户，更加优惠、便捷的消费支付体验，支持用户在银联网络超3000万家商户使用。中国银联与中信银行围绕互联网、零售、餐饮、出行等用户生活场景，向中信银行App（云闪付版）用户推出首笔支付立减优惠，后续还将陆续推出消费随机立减、线上线下商户交易满减、乘车码立减等多重优惠，活动涵盖多家全国型头部商户。

在这个案例中，新版本App的优化属于产品功能层面，而向用户发放首笔支付立减优惠等活动属于用户运营层面。前者属于产品人员的职责范围，核心在于赋予产品价值，乃至创造产品价值；后者属于运营人员的职责范围，核心在于产品上线后，推动用户持续使用产品，从而达成企业的目标。总的来看，运营人员和产品人员相互关联，但是通过不同的方式为企业创造价值。

第二节　互联网用户运营思维模型

一、宏观层面——产品生命周期模型

一款互联网产品上线，有了用户后，产品才能真正运转起来。否则，没有用户的产品，根本不能解决任何人的问题，无法产生价值。然而一款互联网产品在初期并不能自动吸引大量用户去使用，用户还处于不知道、不了解、不会使用产品的阶段，这时候就需要运营发挥作用。

运营的价值首先是基于产品生命周期曲线驱动当前产品的价值。在图2-2中，横坐标为产品上市后的时间发展，纵坐标表示用户规模及增长速度。不难发现，产品处于不同发展阶段，对应的运营重点有差异。

（一）产品生命周期曲线

产品和其他生命体一样，都要经历诞生、成长、成熟、衰退的过程。产品生命周期（Product Life Cycle，PLC）是指产品的销售额和利润的变化过程。

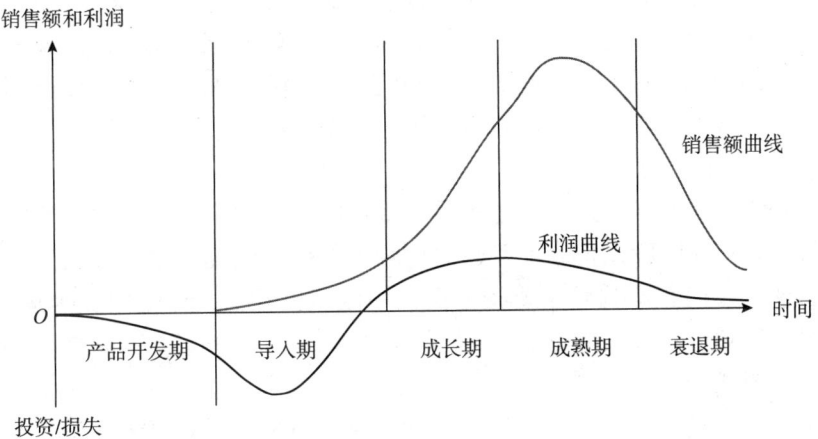

图 2-2 产品生命周期曲线

产品生命周期有以下五个阶段。

- 产品开发期：始于公司寻找和开发新的产品创意。该阶段的销售额为零，公司的投资成本最高。
- 导入期：产品在市场投放后销售额缓慢增长，该阶段尚未盈利，但是企业投入了大量成本。
- 成长期：市场认可度快速提升，产品利润增长。
- 成熟期：产品销售的增速放缓，大部分潜在购买者接受了这个产品。竞争加剧导致营销费用上升，利润保持平稳甚至下降。
- 衰退期：产品销售额下降，利润减少。

（二）不同产品阶段运营的价值

1. 产品导入期的运营价值

当产品处于导入期时，用户量非常少，运营的重点在于挖掘种子用户，吸引用户的产品价值在于产品本身的功能价值，吸引用户关注并体验和使用产品，初步达到使产品可以运转起来的目标。用户规模增加的方式主要依靠老用户邀请。此时运营的主要工作内容是针对新用户的拉新活动、产品信息推介以及产品价值咨询，在目标用户集聚的媒体进行广告投放。

运营人员在为用户提供支持服务和维护用户使用环境的过程中，实际上观察和分析了用户使用产品的行为及用户深度交互的过程，可以获得关于"用户对产品哪些功能比较赞赏""用户觉得哪些功能不好用"等用户反馈，通过对数据的精细分析和解读，可以为产品的迭代优化提供需求方面的建议，从而持续提升用户的使用体验。通过积累早期用户，产品能够真正运转起来。

有了智能手机，才真正有了场景。当用户通过手机这个媒介与外界进行连接时，用户需要基于手机实现的问题解决方案就是场景。在智能手机早期时代，由于价格和功能等多方面的因素，司机使用智能手机还不普遍，北京当时一天的代驾订单不到 2

万单，硬件问题成为限制 e 代驾快速发展的"瓶颈"。公司联合合作伙伴通过手机预装的方式，为 e 代驾司机专门设计了适合代驾场景使用的便宜手机，该手机实现的功能包括所有电话的呼入、呼出，以及查询沟通记录。e 代驾 App 在解决硬件问题后实现了包括对司机的服务流程监控在内的初步移动化管理。

2. 产品成长期的运营价值

当产品处于成长期时，产品已经积累了基本的种子用户，本阶段运营的重点在于扩大用户规模。在此阶段，企业可以建立比较大的用户激励机制，吸引大量用户，提高用户增长速度。运营这时候需要挖掘用户中的意见领袖，让他们成为运营的延伸，提升用户量。针对运营过程中挖掘出的积极分子和铁杆"粉丝"，可以为他们营造产品更新迭代的参与感。

小米手机早期成功对"米粉"进行深度运营，小米的用户每天在论坛上可以为产品提出成千上万条意见，让用户深度参与到产品迭代中。

3. 产品成熟期的运营价值

当产品处于成熟期时，用户规模的增速放缓，本阶段运营的重点在于建立用户的自成长体系。运营的管理方式向大规模的精细化方式转变，将更多的运营手段功能化，提升运营的效率。

常见的运营战略包括制造差异、场景捆绑等。所谓制造差异，是指通过差异化定位占领用户心智，让用户对产品建立清晰的认知。所谓场景捆绑，是指通过对产品的形象进行重新塑造，当用户处于某个特定场景时，能够自然而然想起该产品。场景捆绑需要注意场景与产品之间的联想路径越短越好。

4. 产品衰退期的运营价值

当产品处于衰退期时，用户规模有所下降，用户的活跃度下降，这时候需要提前挖掘用户的潜在需求，形成产品需求及开发实现，激发用户进入新一轮的产品成长期。潜在需求是连用户自己也说不清楚的需求。本阶段产品价值的重塑是重点，运营需要更多做好用户的维护和迁移。

【知识延伸】

卡诺模型

根据互联网产品需求卡诺（KANO）模型定义，用户需求一般分成三个层次：基本型需求、期望型需求和魅力型需求。

基本型需求是用户认为产品"必需"的属性或功能。当其特性不充分（不充分满足用户需求）时，用户会非常不满意；当其特性充分（充分满足用户需求）时，用户只是不会表现出不满意，而不是满意。对于基本型需求，即使超过了用户的期望，用户也不会对此表现出更多的好感。不过只要稍有疏忽，未达到用户的期望，则用户的满意度将一落千丈。用户认为这类需求是理所当然应该满足的。

期望型需求要求提供的产品或服务比较优秀，但并不是"必需"的产品属性或服务行为，有些期望型需求连用户自己都不太清楚，但却是他们希望得到的。在市场调研中，用户谈论的更多是期望型需求。期望型需求在产品中实现得越多，用户就越满意；当没有满足这些需求时，用户就不满意。

魅力型需求要求提供给用户一些完全出乎意料的产品属性或服务行为，使用户产生惊喜。当向用户提供了这类需求中的服务时，用户就会对产品非常满意，从而提高忠诚度。当产品发展到该阶段时，用户愿意为魅力型需求进行付费。往往用户不会主动告知运营人员魅力型需求是什么，需要运营人员结合数据分析和与用户的互动进行深度挖掘。

二、中观层面——AARRR 模型

企业和用户之间的媒介是产品或服务，而运营是产品或服务与用户之间的媒介，运营人员直接负责维系用户、挖掘用户的价值，从而实现企业的价值。结合企业的商业模式和盈利模式来看，用户的价值体现在两方面：一是促进企业收入目标达成，用户直接产生收入或间接促进收入目标达成；二是用户传播，促进新用户数提升。因此，收入目标和新用户数目标成为运营团队的重要量化指标，收入目标往往具体体现为交易额数据。AARRR 模型基于用户转化路径为运营人员的工作内容提供指导。

（一）模型内容

AARRR（Acquisition，Activation，Retention，Revenue，Referral）模型分别对应用户进入产品使用路径后的不同阶段，即用户获取、用户激活、留存、收入、自传播（见图 2-3）。运营人员的工作价值在于尽可能通过产品迭代和运营服务体系促进以上各环节的效果最大化。

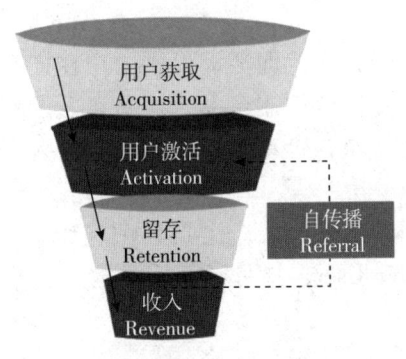

图 2-3　AARRR 模型

1. 用户获取阶段

用户获取是指从各个渠道去发布产品相关信息，然后吸引用户来下载、注册、使用产品的过程。常见的在线获客渠道有搜索引擎、各大社交平台（如微信、微博等）、今日头条等信息流平台。不同渠道获取用户的数量和质量不一样，运营团队需要综合考虑各个渠道的成本投入产出比，重点关注那些流量和转化率较高的渠道。

用户获取阶段需要达成的目标是去媒介、去平台，让企业获得与用户直接沟通的渠道，而不是依赖于渠道媒介。因此本阶段的重要里程碑事件是用户成功注册。

通过运营带来新用户的一系列措施称为拉新。拉新的手段和途径多种多样，需要具体围绕产品形态和产品价值模式去策划行之有效的方案，比如具有传播性的话题或事件，可以投放互联网广告，可以通过微博、微信公众号进行针对新用户活动的传播等。

2. 用户激活阶段

用户下载了产品或者完成注册，并不意味着用户一定会使用产品。激活用户也是运营工作的着力点之一。比如对于内容平台来说，用户完善个人基本信息、完成第一条评论和发帖是主要的行为激活目标。不同的产品对于激活的定义不同，例如社区内容类平台的激活主要以登录、发帖、评论等形式体现。

用户激活的状态就像刚出生孩子的那一声啼哭，宣告该用户具备活跃的能力。

3. 留存阶段

用户留存是解决如何留住用户的问题。互联网产品的用户来得快，流失也快。如果产品缺乏留住用户的黏性，一方面新用户不断涌入，另一方面又迅速流失，导致产品的留存率低。一旦运营活动的刺激减弱甚至取消，将很难获得新增用户。

用户留存是通过各种运营手段来保持或提升存量用户持续使用产品的意愿，留存依赖各种运营活动刺激或产品功能实现。留存率是评价留存措施的效果的重要指标。留存率是指同一个时间段内新增的用户中经过一段时间后还有活跃行为的用户的比例。一般留存率分解成日留存率、周留存率、月留存率等指标，监控用户的流失情况，并根据留存数据及时采取相应的手段。留存用户是相对于流失用户而言的。针对不同的产品，留存用户和流失用户的定义标准不同。运营从业者需要按照自己的实际情况去定义留存用户。

用户留存与促活措施相辅相成，促活即促进用户在产品上的活跃度。活跃的用户会经常登录留言、评论，更主动地使用产品，这是自发的用户使用行为。活跃的用户可以带动整个产品的热度和气氛，带动不活跃的用户进入产品的互动，发挥活跃用户的价值。

活跃行为通常根据使用频率来定义，比如 DAU（Daily Active User，指每日活跃用户数）、MAU（Monthly Active User，指月活跃用户数）是最常使用的两个衡量用户活跃度的指标。

4. 收入阶段

所谓用户收入是指引导用户产生符合产品商业价值的行为，即实现企业盈利。互联网产品的盈利模式包括以下几种。

第一，商城。直接向用户销售产品实现营收，对于运营人员的挑战在于如何让用户愿意花钱。常见的提高转化的方式有满减活动、全场 5 折活动等。

第二，广告。当一款产品获得大量用户后，用户规模带来用户价值，可以吸引其他企业来本平台投放广告。决定广告价格的因素在于用户的规模。一般这种广告包括品牌广告和效果广告。品牌广告青睐头部产品，因为这类产品聚集了超大规模的用户，比如微信朋友圈的品牌广告渠道；效果广告适合于中小企业广告主，按照点击或注册的效果付费，适合分散投放。

第三，增值服务。这是一种基础功能免费、增值服务收费的模式。增值服务意味着更优质的功能或服务，这是目前互联网产品常用的模式。增值服务往往与会员特权权益融合在一起，具有独特的会员身份标识。

具体的盈利模式与产品的商业模式相关，对于内容型产品来说，广告、会员、商城是重要的盈利来源；对于交易型产品来说，交易行为本身是重要的盈利来源。

总之，企业获取盈利建立在让用户接受产品价值的前提下，产品能够为用户提供的使用价值是企业长期盈利的基础，牺牲用户体验换来短期盈利往往得不偿失。

5. 自传播阶段

互联网具有天然的社交属性，产品的口碑容易通过社交媒体进行传播。用户往往愿意自觉地去分享、推荐好用的、有趣的产品。比如，微信推出红包功能后，第一批用户觉得十分新颖，第一时间在朋友圈分享，让更多的用户知道该功能并去使用，形成用户数增加的连锁反应。

以拼多多为例，其购物的核心热词是"优惠"，优惠的唯一办法是邀请好友来砍价。无论是拼团还是抽奖，用户点进去后要分享给朋友或者分享到微信群，才有机会得到优惠。可以说，拼多多是比较早享受微信流量红利的产品。

【案例】

早期滴滴打车在北京地面推广的对象是司机。地面推广人员早上5点起床，只是为了早一点到达北京顺义的出租车交接点以及北京西站的司机密集汇聚点。那时候地面推广环境是冬天，非常冷。四五个地面推广人员在一个冬天安装了1万个客户端。这是早期滴滴拓展司机用户的模式，依靠一个司机一个司机的推广，完成产品最终的冷启动。

【练一练】

复述 AARRR 模型的内容，使用表格的形式完成模型中每个阶段对应的用户关键行为和对应的运营绩效指标。

（二）模型的漏斗转化规律

实际上，从 AARRR 模型的五个步骤来看，从用户获取到用户自传播的闭环中，用户数量呈现衰减的趋势，呈现出漏斗的形状，AARRR 模型也被称为漏斗模型。

漏斗的形态反映出互联网产品用户的流失现象，即需要用户完成的每个步骤都有可能造成用户的流失，存在从上一个步骤留存到本步骤的转化率。转化率一般都小于1，大于0。比如在电商平台的用户购物路径中，用户会经历打开商城首页、浏览商品页面、查看商品详情、添加商品到购物车、提交支付订单、付款、收货、评价的主要关键步骤。根据淘宝的经验数据，从用户首次访问购物网站到把商品放入购物车的转化率为 4.5%，即 100 个用户进来，通常只有 4.5 个用户会把商品添加到购物车。即便是加入购物车，依然会因为各种原因产生用户的流失，比如可能因为支付环节复杂、页面卡顿等体验，让用户放弃购买。早期团购网站的 UV（Unique Vistor，独立访客）从注册到交易的转化率差别较大，美团的转化率为 30%，大众点评是 15%，糯米网只有 5%。[①]

因此在产品运营实践中，需要按照现存的用户路径逻辑整理出用户关键行为路径，即用户在完成运营所希望发生的最终的用户行为之路上，处于不同阶段所发生的里程碑行为或标志性行为。以移动互联网 App 为例，在获取阶段的关键行为是用户完成注册；激活阶段的关键行为是用户完成下载、打开和登录；留存阶段的关键行为是用户完成多次有效使用，达到一定使用频次，即被定义为高频使用者，实现产品的留存；收入阶段的关键行为是用户完成付费，比如购买会员服务等；自传播阶段的关键行为是用户完成活动转发、成功邀请新用户等，实现口碑传播效应。收入和自传播目标的取舍关键在于产品是先产生用户规模还是先产生收入。

因此，基于 AARRR 模型，可以将运营目标分为五个阶段的子目标及针对用户的具体行为激励目标：

- 获取新用户数：促进潜在用户注册成为新用户；
- 提高活跃度：促进用户下载、打开和登录 App；
- 提高留存率：促进用户多次使用、高频使用；
- 获取收入：促进用户付费、争取持续付费；
- 促进用户自传播：促进用户转发、口碑传播，带来新用户。

【练一练】

以小组为单位，分析 AARRR 模型每个阶段常用的运营活动。
（1）可以借鉴生活中体验过的活动，尽可能兼顾良好的用户体验。
（2）每一个活动需概括为精练简洁的一句话。

三、微观层面——用户行为与习惯规律

（一）用户行为的影响因素

尼尔·埃亚尔和瑞安·胡佛在其著作中提出了经典的产品逻辑，认为行为的发生需要具备三个必不可少的要素：

- 要素 1：充分的动机，是涉及行为的内在刺激；
- 要素 2：完成这一行为的能力，是指涉及行为实施的具体条件；
- 要素 3：促使人们付诸行动的触发，是涉及行为是否发生的时机。

动机、能力、触发缺一不可，否则，人们将无法跨过行动线，不会实施某种行为。

---

① 黄天文. 引爆用户增长 [M]. 北京：机械工业出版社，2017.

因此行为的影响因素可以表达为以下形式：
$$行为 B = 动机 M × 能力 A × 触发 T$$

【练一练】

设想一个场景：你的手机响了，而你却没有接。采用小组合作的方式完成下列任务：

（1）以头脑风暴的方式，思考出现这个场景的原因可能有哪些。

（2）按照动机、能力、触发三类原因，对步骤（1）思考的原因进行归类。

新习惯的养成需要一个平台，而触发像导火索一样，是促使用户作出行为改变的基础。触发因素包括外部触发和内部触发。外部触发通常隐藏在信息中，这些信息用于指示用户下一步做什么。在产品设计上通常采用常见的或约定俗成的视觉触发（操作界面）来引导用户，比如可点击的按钮、图标等功能组件。内部触发看不见，摸不着，往往出现在某个产品与用户的思想、情感或原本已有的常规活动发生密切关联时。内部触发通常能够激发用户内在的情绪从而实现用户与产品的共鸣。

情绪引发的自动反应会引导用户做出特定的行为，与这些情绪紧密相关的产品慰藉用户的效果立竿见影。当用户在心目中认定某项产品的功能就是解决他情绪问题的良药时，这项产品就自然而然地出现在脑海中，无须依靠外部触发。将内部触发嵌入产品，是培养用户对产品黏性的关键。产品的本质是帮助用户解决问题、消除烦恼。当用户发现产品有助于缓解自己的烦恼时，产品与用户之间开始形成纽带，用户逐渐形成习惯。

【知识延伸】

五问法是帮助产品经理找出"人们为什么会依赖某个产品"的内在原因的思维方法。该方法通过追问五个"为什么"，让人们能够准确发现问题的实质并找出解决方法。

假设某公司将推出一款产品——电子邮箱，目标用户是一名叫朱丽的中层经理。产品经理对朱丽进行详细的用户资料分析后，使用五问法挖掘用户内部触发因素。

（1）朱丽为什么需要使用电子邮件？

答：为了接收和发送信息。

（2）她为什么需要接收和发送信息？

答：为了分享并即时获取信息。

（3）她为什么想要分享和获取信息？

答：为了了解她的同事、朋友和家人的生活。

（4）她为什么需要了解他人的生活？

答：为了知道自己是否被别人所需要。

（5）她为什么会在意这一点？

答：因为她害怕被社交圈子所抛弃。

最终产品经理得出的答案是：恐惧感是她身上最强大的内部触发因素，因此在设计产品时要考虑使产品能够减轻用户的恐惧心理。

【练一练】

优惠券是各大平台常用的运营工具，在不同的场景下发放优惠券会起到差异化的效果。请基于行为模型：B（行为）＝M（动机）×A（能力）×T（触发），针对工商银行App，分别构思以下场景。特别说明：构思的场景需要尽可能描述细节，包括优惠券因何条件触发、优惠券的额度及使用条件等。

（1）构思发放优惠券的一个场景，达到触发用户的目的，并简要分析你的构思是如何达成触发用户的目的的。

（2）构思发放优惠券的一个场景，达到提升用户能力的目的，并简要分析你的构思是如何达成提升用户能力的目的的。

（3）构思发放优惠券的一个场景，达到激发用户动机的目的，并简要分析你的构思是如何达成激发用户动机的目的的。

（二）习惯与行为的关系

行为和习惯的区别在于，行为是有目的、受外因影响、由内在决定后作出的反馈；而习惯是将行为内化成一种直觉，实现长期行为的自动转化。例如各大平台在拓展市场时会持续一段时间对用户进行红包补贴，目的是培养用户的使用习惯。

因此我们可以将习惯与行为的关系表达为：

$$习惯 H = 行为 B \times 频率 F$$

该表达式说明，只要赋予行为一定的频次，让用户重复完成并获得反馈，就有机会让用户把这个行为固定为习惯。

【练一练】

在日常的生活中，我们已经被哪些平台或产品培养了使用习惯？在这个习惯中，行为和频率是如何表现的？列举三个及以上的平台使用习惯。

（三）用户行为管理的系统化思维

运营活动的本质在于"行为—刺激"的行为心理学理论依据。通过活动文案等运营媒介完成对用户行为的触达，激励用户自主完成平台所期望产生的行为，这被称为用户行为管理，或者用户行为激励。用户习惯不会凭空养成，只会逐步形成。管理用户行为的最高境界是形成习惯（内化动机）。

无论是不定期的活动还是已经功能化的会员管理系统或积分系统，其核心均在于引导用户完成预期的行为。功能化的会员管理系统或积分系统与日常的高价值用户活动不同，其设计理念在于将用户的具体行为系统化设计和引导，实现系统自发提醒用户。

用户行为管理的本质是激励用户发生某些特定行为，从而实现产品的运营目标，用户发生的某些特定行为即用户关键行为。可以从以下两个方面将用户关键行为具体化。

第一，从达成企业战略目标的角度定义用户关键行为，比如对商业模式有依赖的因素，如收入、利润、新增用户数等。

例如：核心指标是月活跃用户数（MAU）达到2000万，其中：

- 月活定义1 = 每月有一天累计在线时长 > 30分钟
- 月活定义2 = 每月至少听5首歌，重复收听视为1首

因此，转化为用户的关键行为如下：创造与引导2000万用户每月都活跃。

匹配月活定义的关键行为分为两种：

- 关键行为1：用户在线停留时长超过30分钟
- 关键行为2：用户收听至少5首不同的歌

第二，基于产品功能的角度定义用户关键行为，换个角度看，是指用户使用产品的关键路径（用户使用产品，在保证充分体验的情况下，必须发生的一些关键行为，否则产品模式不成立）。用户使用路径包括核心路径、非核心路径（周边路径）、延伸路径等。

以某互联网打车平台为例，用户使用产品的路径包括：

- 核心路径为：用户端——下单，司机端——接单和提现；
- 非核心路径包括用户端/司机端的评价；
- 延伸路径包括用户端的预约、选择车类型等。

将上述核心路径转换为用户的关键行为包括：

- 核心路径的关键行为：用户端——完成下单、司机端——完成接单和申请提现；
- 非核心路径：用户端/司机端完成评价；
- 延伸路径：用户端——下单预约、选择车类型等。

以某互联网在线K歌产品为例，必须要维持用户活跃，才可能有价值；用户活跃的行为需要符合产品设计的路径。因此其用户使用路径梳理如下：

- 核心路径：唱歌、听歌
- 周边路径：送礼、互动
- 转化路径：付费VIP

总之，引导用户发生关键行为是运营的指导思想之一。在大规模用户背景下，基于用户关键行为的引导已经演化成用户任务体系，实现对用户的系统化识别与引导。在运营初期开发资源有限和用户规模较小的情况下，可以采用手工方式实现；在后期开发资源充分以及用户规模较大的情况下，可以使用运营系统的方式来自动化实现，大幅度提升用户行为管理的效率。

第三节　用户运营岗位职业发展

一、运营从业者的职业发展通道

初阶段位的运营体系中，运营需要解决某个单点的问题（比如如何通过一个活动提升用户活跃度，如何做好用户召回等），且很多时候仍然需要人为推动去解决这些问题（比如做个活动，或者写几条召回推送）。而在高阶段位的运营体系里，运营需要解决的是面向几百万甚至几千万用户的管理层级和机制的设计及搭建问题，从人为推动活动向由规则、数据和策略推动转变，从而实现对用户行为引导的效率提升。

如果要面向一群用户提升其在产品内的单体用户价值，通常有两种方法：面向小规模用户（通常从几十人到一两千人不等）的集中式运营，以情感互动、关系维护等为主；面向大规模用户（通常至少面向十几万人，甚至上千万、数亿人）的策略式运营，以运营规则、机制等驱动为主。一般来说，后者比前者需要更多技术支持。

运营从业者的职业发展通道主要包括专业通道P序列和管理通道M序列。

（一）专业通道P序列

专业通道的个人发展路径主要集中于专业和项目建设，不需要参与团队的管理工作，一般包括运营专员、高级运营、运营主管、项目经理、高级项目经理等职位。

在大型互联网企业，专业通道的职级通常用"P+数字"表示。例如一些互联网企业的专业职级体系是从P3到P10，一般运营专员从P5开始，P6属于运营主管，P7属于运营专家。其中，运营专员能够在指导下完成运营工作即可；资深运营经理需要能够独立完成领导安排的运营项目；运营专家则需要能够发现产品存在的运营缺失，独立发起一个项目并且跟进完成。总之，职级越高，对运营的能力要求越高，相应地所属运营岗位给公司创造的价值越大。

（二）管理通道M序列

M序列和P序列的差别在于，M序列不需要一直做具体的执行工作，尽管P系列到项目经理这个级别后可以将一部分工作分配给组员，但是P系列仍然需要执行具体运营项目。

M序列的职业发展路径从低到高分别是运营专员、高级运营M1、运营经理M2、高级运营经理M3、运营总监M4、高级总监M5、首席营销官（CMO）。

因此，基本上M序列或P序列的职业发展路径均需要从运营专员做起，都有扎实掌握运营基本功的需要。初级的运营体现为执行者角色，主要按照固定的工作程序执行重复性操作，岗位主要为运营专员。该层次技能提升的方向是在一个细分方向专门从事一项具体的流程相对固定的工作。中级的运营体现为项目管理者角色，负责某一细分方向的整体工作，并为该方向的工作结果负责，该层次职业成长的"瓶颈"在于搭建运营体系。高级的运营体现为运营规划的制订和运营战略的搭建，负责一个产品的整体运营战略规划、运营团队搭建等,管理角色体现为运营总监。运营岗位继续往上发展将突破运营团队,与产品团队或营销团队融合,向 CMO 发展。

二、运营从业者需要具备的素质

一个合格的运营人员应该具备以下三个方面的素质:知识、能力、素养。

(一)知识层面

运营人员具体需要掌握所属行业相关的业务知识以及市场营销、消费心理等知识。

(二)能力层面

1. 通用能力要求

用户运营岗的通用能力排前三位的是沟通表达能力、学习能力、团队合作能力(见图 2-4)。这些能力体现出运营岗位作为产品或企业与用户沟通的媒介的角色,媒介是桥梁,连接了企业后端的产品和开发等资源,因此需要从业者具备良好的沟通表达能力;而团队合作能力体现为运营团队内部的合作运营团队与产品团队的协作,运营团队需要调动企业的资源来达成运营目标,对公司的用户数和交易额目标负责;学习能力体现为针对用户的广泛兴趣,运营团队需要能够站在更高的位置去把握用户的兴趣,策划有吸引力的活动。

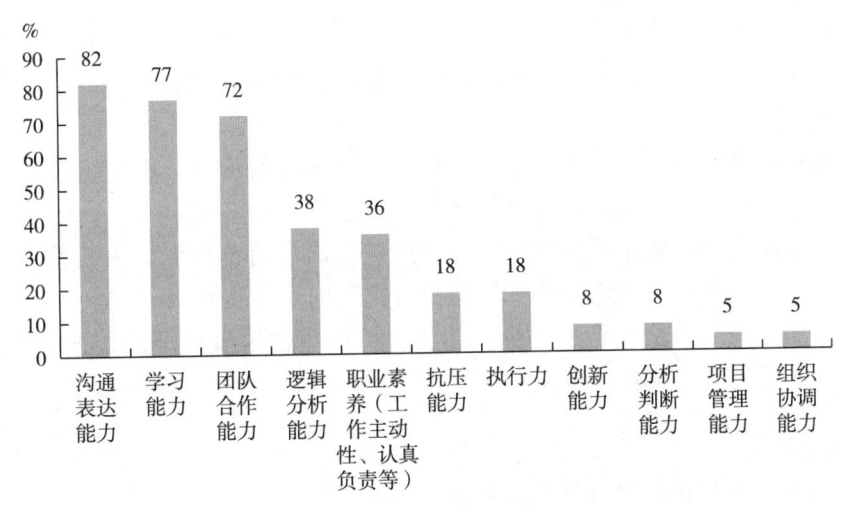

图 2-4 用户运营岗的通用能力分布

2. 专业能力要求

用户运营岗的专业能力排前三位的是信息分析与数据分析能力、市场调研与分析能力、文案撰写能力(见图 2-5)。

(三)素养层面

1. 对新事物的洞察力

运营的工作是与用户沟通,而用户的兴趣点是广泛、分散的,但是又汇聚于当前的信息热点。运营人员需要对新的事物保持敏感,用新鲜的、有趣的内容去吸引用户。

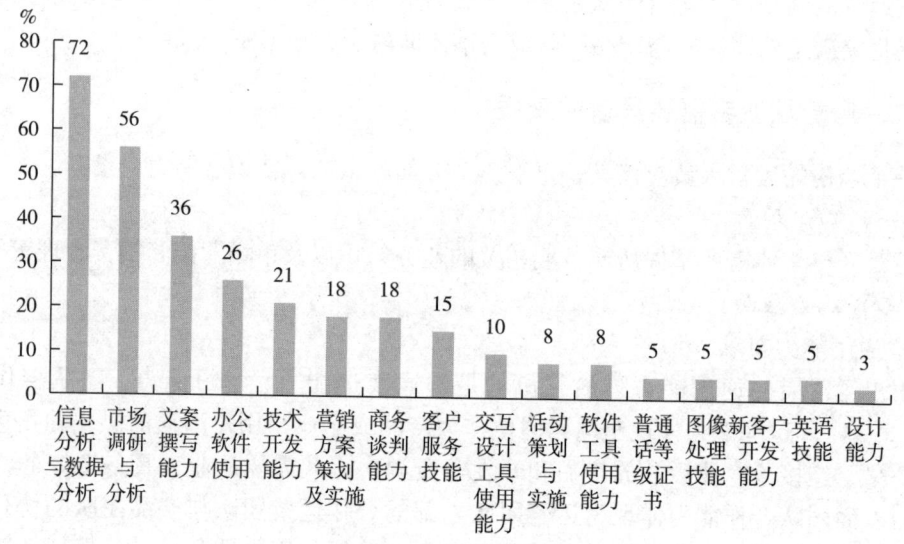

图 2-5 用户运营从业者的专业能力分布

出其不意的活动是运营人员长期积累的结果。

2. 分工协作的效率意识

随着企业专业分工的细化，运营人员需要与其他人员进行协作，比如文案与页面的设计等，不同部门发挥所长，才能将高质量活动及内容呈现给用户。

3. 产品感

运营虽然围绕着用户，但仍然是基于自身产品提供的价值。产品感是指运营人员能够从产品需求角度去思考如何长期并稳定地满足用户的痛点需求。

因此对于刚入门的从业者来说，需要快速进行岗位角色转变，从被动到主动，有效地做事，为企业服务、创造价值；从消费者视角向产品提供者视角转变，不仅仅感性地看待产品，关注价格和产品的使用价值，同时理性地看待产品，关注产品生产、效率提升、品牌包装、市场分析等要素。

【课后思考】

1. 简述用户运营岗的典型工作任务。
2. 分析产品生命周期曲线及应用场景。
3. 分析 AARRR 模型，并说明其用途。
4. 比较"运营"与"产品"职能的联系与区别。
5. 简述用户运营岗位的两类职业发展通道。

第三章

金融科技用户运营概述

【学习目标】

☐ **知识目标**

1. 了解金融科技的内涵。
2. 了解金融科技的发展历程。

☐ **能力目标**

1. 能够分析金融科技行业用户的四个内在特质。
2. 能够准确界定金融行业用户。

☐ **素质目标**

1. 通过学习金融科技行业的发展历程,建立对我国金融制度的自信。
2. 通过案例分析,学生能够增强金融业务与技术发展相互协同促进的意识。

第一节 金融科技市场环境

一、金融科技的内涵

(一) 金融科技的定义

蓬勃发展的信息技术正在深刻改变着全球经济和社会生活的方方面面,数字经济已经成为当前各国经济增长的最大驱动力。与之匹配的金融科技在金融乃至更广泛的领域产生了深刻的影响。金融科技是大数据背景下利用网络数字化技术所形成的一种金融新业态,是与数字经济相匹配的一种金融服务。2022年4月,中国人民银行印发《金融科技发展规划(2022—2025年)》,指出金融科技作为技术驱动的金融创新,是深化金融供给侧结构性改革、增强金融服务实体经济能力的重要引擎,以加强金融数据要素应用为基础,以深化金融供给侧结构性改革为目标,以加快金融机构数字化转型、强化金融科技审慎监管为主线,将数字元素注入金融服务全流程,将数字思维贯穿业务运营全链条,注重金融创新的科技驱动和数据赋能。《金融科技发展规划(2022—2025年)》从国家层面指明了金融科技的发展方向,从而推动和规范金融科技健康发展。

目前被广泛引用的金融科技概念是金融稳定理事会（FSB）2016年3月的定义，即金融科技是由技术所带来的金融创新，能创造新的业务模式、流程、产品，从而对金融市场、金融机构提供服务的方式产生巨大影响。在新一轮科技革命和产业变革的背景下，金融科技蓬勃发展，人工智能、大数据、云计算、物联网等信息技术与金融业务深度融合，为金融发展提供源源不断的创新活力。

易宪容等（2019）把金融科技定义为通过网络数字化的技术，全面整合相应的金融数据资源，实现金融数据共享，以此为客户提供创造价值的定制化的金融服务，最终实现金融服务的自动化、行动化、智能化、大众化、普惠化，由此形成的一种金融服务的新业态。该定义概括了金融科技的主要内涵和本质特征，即以大数据为基础的新的金融服务业态。

金融科技是用新兴技术手段解决金融的问题，金融和科技相辅相成，缺一不可。金融业务是技术的应用场景，技术是金融需求的解决和优化手段。同时，金融科技的大发展得益于技术和业务的高度融合，大数据、人工智能等技术不是停留在将金融业务电子化的浅层优化，而是从业务逻辑和问题解决方式上深度切入业务流程，从底层架构和信息流转方式上优化金融业务，提升生产效率。

【练一练】
1. 你认为技术的本质是什么？
2. 谈谈对金融的理解。

（二）金融科技的特征

首先，金融科技是科技与金融的深度融合，用科技的力量和方式助力金融的发展，从需求端出发设计产品，采用互联网公司小步快跑、快速迭代的产品运作模式，借助数据监控和智能开发工具，快速迭代金融产品，高频率推陈出新，从而快速找到最适应市场需求的产品和服务模式。而传统金融和互联网金融更多从供给端出发，依据产品设计人员对市场的判断设计金融产品。

金融的本质是中介服务，利用信息的不对称性获取收益。传统金融主要借助人的力量消除市场上的信息差，效率较低，服务人群范围较窄；互联网金融借助互联网的力量，大大加速了金融信息的流动，但仍未从信息提供和交换方式上发生根本变革。而金融科技借助大数据、人工智能等算法，从需求端出发快速收集并深度挖掘和分析需要的信息，可以快速抹平信息差，使用户体验和客户利益最大化。

其次，从服务维度来看，传统金融侧重金融服务维度，围绕传统的"存、贷、汇"业务进行展业；互联网金融丰富了金融服务类型，通过互联网化改造提升了服务体验和服务效率，在支付清算、投资管理等领域优化了使用流程，但重心仍在金融服务。而金融科技充分发挥技术的力量，用大数据、物联网、移动计算、人工智能、SDK/API（软件开发工具包/应用程序接口）等技术深度改造金融服务流程，并拓展出更多的金融服务类别和可能性，更加侧重技术服务维度。

最后，从机构主体的维度看，传统金融主要是各家金融机构参与其中，为客户提供专业而适当的金融服务；互联网金融模式下，互联网公司和通信机构等"非传统"机构加入竞争，使得金融业态更加多元，服务更加多样，金融加入科技元素后，爆发出前所未有的生命力，提供了新的创新方向。

金融科技模式下，由于科技对金融更深层次的参与和改造，区块链、人工智能、身份认证等新兴科技公司加入金融赛道。此外，由于金融科技深度依赖云计算、5G等基础设施，传统的基础设施部门也越来越深入地参与到金融科技的发展中。伴随金融科技的快速发展，金融业的风险特点也在发生快速转变，对应的监管方式和监管模式也从宏观审慎监管逐步发展为科技监管。监管机构也同样借助科技的力量往监管智能化方向发展，以适应和匹配金融科技的发展。因此，由于金融科技模式下科技对金融进行了深度改造，由科技力量推动金融深化改革和发展，金融科技的参与机构主体也更加丰富和多元。

二、金融科技的发展历程

金融科技的发展是金融和科技不断互动、相互融合的过程。科学技术的不断创新和深入发展，为金融服务的实现方式提供了更多可能性，也持续不断地塑造和改变着金融服务的实现形态甚至基础实现架构。伴随科学技术发展的不断深化，金融科技总体经历了如表3-1所示的三个发展阶段。

表3-1　　　　　　　　　金融科技发展历程

阶段	金融科技1.0	金融科技2.0	金融科技3.0
金融与技术的融合形式	金融IT	互联网金融	金融科技
技术驱动力	银行、证券等行业软件系统应用，互联网普及	移动互联网的兴起和发展	大数据、云计算、人工智能、区块链
业务特点	业务驱动	场景驱动	数据驱动
典型应用举例	磁条信用卡、ATM、POS机、交易系统、清算系统	网上银行、手机银行、无卡支付、互联网信贷	刷脸支付、机器人客服、智能网点

（一）金融科技1.0：金融IT

金融业对信息的需求极高，依赖市场的各种信息作出合适的投资决策，而科技尤其是信息技术可以极大地提升信息传输和整合的效率，提高信息披露水平，因此金融业有较强烈的内在动机应用信息技术帮助自身提升效率、降低成本，进而提高金融机构的营业收入和利润率。因此，金融业是最早使用信息技术的行业之一。各大金融机构持续不断地在IT方面进行大量研发投入，发明出磁条信用卡、ATM、POS机等应用，很大程度上提高了信息传输效率，降低了公司的人力成本，也提升了金融业务的安全性。

金融科技1.0与信息技术1.0相伴相生，相辅相成，主要指金融行业通过传统的

IT软硬件来实现办公和业务的电子化，提高金融行业的业务效率。IT部门属于成本部门，仅提供技术支持，不参与金融公司的业务环节。金融科技1.0阶段的业务以银行、证券等行业的软件系统应用为主，实现金融业务流程的电子化和信息化；对互联网的运用仅局限于公司或行业内部的局域网，主要用于信息传递和归集，较少使用到数据分析和对业务的即时反馈。总体而言，金融科技1.0主要实现金融行业的业务电子化改造，IT对金融的嵌入不深。

（二）金融科技2.0：互联网金融

随着互联网和移动互联网技术的兴起和深入发展，以及智能手机的普及，金融业从局域网逐渐走向了开放的互联互通。金融业众多参与者纷纷搭建在线业务平台，通过互联网或者移动终端渠道汇集海量用户，实现金融业务中资产端、交易端、支付端、资金端等任意组合的互联互通，达到更高程度的系统集成和网络开放，实现信息共享和业务撮合。

通过这种模式，金融机构的客户可以享受轻松快捷的在线金融服务，免去了线下路途和排队之苦。银行网点等传统金融渠道也受到了较大冲击，逐渐转变获客和推广方式，线上线下并重。同时，众多互联网背景的第三方销售平台的兴起，大大改变了传统的销售渠道格局，互联网化发展成为金融科技2.0阶段的重要主题。

互联网及移动互联网的普及，不是简单地加深了金融业务的数字化、线上化程度，而是通过互联网信息交互方式的改变，促使金融业务的业态发生深刻变革。金融业务的开展由传统金融的业务驱动思维向互联网化的场景驱动思维转化，催生了互联网基金销售、P2P网络借贷、互联网保险、移动支付等传统金融业务与互联网场景深度融合的新型金融业态。没有一家大型互联网企业会放弃金融业务，因为在它们看来，金融是互联网的超级货币化手段，它和广告、电商等业务同等重要。

（三）金融科技3.0：金融科技

经历了前两个阶段的发展，金融与科技的融合日益紧密和深入，但科技在金融业务中仍处于从属地位，作为实现方式之一辅助金融业务的发展。近年来，大数据、云计算、区块链、人工智能等新兴技术蓬勃发展，从理论逐渐走向各个行业的应用中，深刻改变着各行各业的发展样态。

这些新技术在金融业也得到深度应用，使金融业在经历业务驱动、场景驱动之后，进入数据驱动的金融科技3.0阶段。智能设备的普及和金融业务大范围大幅度的线上化，使金融业务在运转过程中积累了海量数据，如同一座富含宝藏的矿井等待开采。科技发展和竞争深化促使金融从业者开始挖掘海量数据的价值，在大数据、云计算等最新IT技术的帮助下，通过海量数据分析信息、提炼需求并最终推动业务发展，使金融业务向数据化、精细化、智能化方向发展。

大数据、云计算、区块链、人工智能等新技术改变了传统金融的信息采集来源、风险定价模型、投资决策过程、信用中介角色等，大幅度提升了传统金融的效率，解决了传统金融的痛点。IT部门不再只是成本部门，对业务起到辅助作用，而是逐渐演进成金融业务的一部分，直接驱动业务发展。代表技术有大数据征信、智能投顾、供应链金融等。

以汽车金融市场为例，从业务发展来看，汽车金融渗透率向上增长的方向亦不变，汽车金融未来仍有较大的行业发展空间和增长潜力。伴随消费者的年轻化和多样化、购车渠道的场景化和线上化、汽车金融市场竞争格局的白热化和多元化，汽车金融公司探索围绕用户、车、贷款的业务场景，为购车、用车、换车的全生命周期服务提供极致的客户体验。从风控趋势来看，金融科技、智能风控的普及将汽车金融公司带入了全新的时代。一方面，海量数据为风控提供了新的发展维度，同时也对客户隐私保护能力提出更高的要求；另一方面，人工智能技术越来越广泛地运用也将助力企业风控把握先机。从科技发展来看，汽车金融公司将通过人工智能、大数据、云计算、车联网等信息技术的深度融合，不断激发创新活力，为汽车金融在系统架构现代化、人工智能各场景应用、数据驱动决策等方面持续赋能。多家汽车金融公司积极推出专门的创新产品金融方案，扩大二手车贷款规模，着手设计面向新能源汽车销售的全流程线上化金融产品，并配合国家的智能汽车发展战略，探索如何向汽车相关的虚拟智能服务提供更多金融支持。该细分市场比拼的是资金、客户和风控。风控是平台综合能力的体现，需要平台能够掌握闭环的业务大数据，并将大数据与用户的行为相融合，而具有好的场景的项目往往不难获得投资。因此，对于金融科技平台来说，获客能力及获客效率成为平台比拼的重要因素。

综合以上分析可见，传统金融以人的力量为主，通过人力提供金融服务，信息传递效率较低，服务人群较窄；互联网金融借助互联网的力量，对传统的金融销售渠道产生了重大冲击，大大提升了信息传输效率，拓展了金融服务人群，但技术仍起辅助作用，金融服务的核心和侧重点未产生本质改变；而金融科技阶段，大数据、人工智能等技术使金融朝智能化方向发展，技术深度改变了金融展业方式、风控手段等，成为了推动金融发展的主要力量，由此产生了智能投资、数字货币、开放银行等新金融业态。

三、金融科技在金融领域的应用场景

（一）"金融科技+银行"应用场景分析

5G等信息技术通过与大数据、人工智能、物联网、VR/AR（虚拟现实/增强现实）、音视频等技术的相互促进和协同融合，深化银行产品与服务模式创新，将给银行前中后台带来新变化和新可能。客户体验从平面到立体，服务更加多元。通过前台多种场景的数据沉淀，后台智能系统对多维度数据的计算和分析，可以进行较为全面的用户画像，为中台的政策与策略制定，产品开发以及对市场环境、客户动向、内部资源的分析研判等提供有力的数据支撑和决策辅助。新技术协同融合，银行后台集中处理效率跃升。

运用5G技术可以在用户手机上实现远程服务、语音交互等功能，减少客户前往营业现场办理业务的时间，优化服务流程。此外，利用VR/AR混合现实应用，为客户与银行专业金融服务人员建立身临其境般的远程互动体验。5G网络助力银行线上服务智

能化升级，客户可以突破时空限制，无须到银行网点，在家中即可办理所需的各类业务。

移动支付与生物识别技术结合，未来的支付涌现出微表情支付、脑电波支付、虹膜支付、声纹支付等各种新的形态，为客户在消费金融等领域提供更加便捷、舒适的支付体验。

在智慧资产管理方面，依赖各种传感器设备，实现万物互联。各种市场主体在资产属性识别上将迎来全新契机，有助于商业银行更好地打造全流程数字化银行，开展资产抵押和管理业务。利用"5G＋区块链技术"，可以将一个完整供应链的上游供应商、生产厂商、物流运输、各级分销渠道、终端销售网点、最终客户等，全部纳入信息管理，中心企业拥有链上信息穿透查询监管权限。

在开放银行数据共享方面，银行业务如支付、授信将与各个行业深度融合，跨界互联。汇集和挖掘海量个人和企业信息，一定程度上能够克服地域分散、信息不对称、风险可控性差、服务成本高等问题，还可以广泛延伸银行服务半径，满足小微企业、"三农"和偏远落后地区人群的金融服务诉求，推动金融服务均等化。未来每个家庭的水、电、气、热等抄表业务可以通过远程读取，并与银行账户关联实现自动扣费；医院、银行和个人的信息共享，商业银行借助健康数据可以精准开展保险、贷款、支付等业务。

（二）"金融科技＋证券"应用场景分析

扩展服务场景，为客户带来全新体验。利用人脸识别和大数据分析技术，根据客户的偏好定制适当的服务流程。在现场业务办理方面，也可结合VTM（虚拟柜员机）、远程见证开户等提供无人服务，摆脱专营场地限制，便于与合作伙伴开展交叉引流。

实现中台业务前置，促进证券业务创新。AR可实时嵌入各类业务场景中，通过语音指令或文字识别快速获取实时行情、财务数据、上下游关联行业、筹码集中度、关联资讯等信息，也可整合到价提醒、大盘异动等通知，通过加入自选、收藏夹等与其他终端联动。

提升企业运作效率，促进券商数字化转型。合规管理是多种证券业务的重要需求，基于金融科技的应用可以将合规审核工作直接前置到工作现场，有效加快审核速度，提升业务效能。在5G技术支持下，移动资产监测成为可能。项目管理人员可通过部署5G摄像头和各类传感器，实时监测基础资产的实际运营情况。

（三）"金融科技＋保险"应用场景分析

金融科技能够实现对用户使用场景的多维度细分，有助于保险公司提升对场景化产品的设计能力。从产品开发的角度看，5G将促进无人驾驶等新型驾驶模式的产生和普及，智能网联汽车的发展将引领保险产品的创新。此外，5G的大带宽、高并发、低时延优势使汽车可以提供娱乐、消费等更加丰富的生活场景，基于车联网的各类细分场景碎片化的保险产品将层出不穷。

金融科技将改变保险行业经营运作模式，大幅提升工作效率。一是无线承保。金融科技通过推动医疗资源下沉、全面收集数据、高效传递信息，使偏远地区被保险人的健康数据也能实时传输，被保险人不再需要口头回答问题，只需开放数据审查权限即可获得最优保险保障。二是无人查勘理赔。5G技术辅助下，无人机可真正实现大规模组网运营，实现长距离大尺度的现实应用，结合高清视频和AI图像识别技术，可以在保险理赔方面发挥无人机快速现场取证、自动定损的优势，并提供远程保险服务。

【练一练】

1. 基于理财金字塔所包括的金融产品类型分析金融业务与互联网渠道的融合发展的典型案例。建议将每一个类型细分为2个及以上的子类型，为每个子类型寻找2~3个典型的实际产品；选择其中1个类型的产品进行分析，包括该产品的目标用户、业务模式、所聚焦的场景。

2. 使用SWOT模型分析金融科技行业的优势、劣势、机会与挑战。

第二节　金融科技行业的用户与行为

一、重新定义金融科技行业的用户

（一）澄清用户的定义

传统意义上的用户是指某一种技术、产品、服务的使用者；使用某种产品的人，未必参与消费或者商品价值转移的过程。而客户相对于企业来说，关系更进一步，参与了产品的选择与消费的过程。

人是需求产生的主体，场景是需求产生的环境条件，所有场景的集合就是人生活的总和。营销学家科特勒在《营销管理》中指出，需求是可以被购买能力满足的用户对于特定产品的欲望。聚焦到用户研究领域，需求的产生是用户的个体与场景的结合，即"用户+场景=需求"。在大规模用户时代，用户定义迭代为在××场景下使用××产品的人，其内涵在于××场景下通过××方式满足的××需求的集合体。

以某网约车App为例，按照表层含义，用户是在需要出行时使用该App打车的手机用户，"需要出行"的短途场景：上下班、去机场火车站、接送孩子上下学。运营人员针对手机用户的动作：为用户提供手机App、手机注册、发送短信或应用内推送优惠券。

如果按照内在含义来看，网约车App打车的用户是指在时间有限的情况下，通过便利的支付方式，快速到达另一个地方的需求集合体。

（二）金融用户与金融科技用户

金融用户是指在不确定条件下进行跨时间、跨空间价值交换的需求集合。

金融科技用户是指出现在"互联网+××场景"下的跨时间、跨空间价值交换的需求集合。金融科技用户本质上仍然是金融用户，只是用户需求的发起和响应都基于科技手段完成。

二、金融用户的内在特质

（一）资金盈余和资金缺乏维度

按照资金充裕程度，可以把身边的人分成资金盈余者和资金缺乏者两类，而金融为这些用户提供的服务如下：

- 为资金盈余者理财，让他的钱增值；
- 为资金缺乏者融资，让他能够让渡未来的价值获得当期的价值。

（二）理财用户资产规模维度

从传统金融机构的角度来看客户分层，一般按照5万元、50万元、500万元为分界点。资产规模在5万元以下的用户，适用的产品包括存款、贷款、基金等；资产规模在5万元到50万元之间的客户，适用的产品增加了银行理财产品；资产规模在50万元以上的用户属于财富管理客户，甚至私人银行客户，适用的产品新增了信托等，还增加了专属的理财顾问、财富规划、资产管理等服务内容。

从产品角度看，一般银行理财产品的起购金额门槛为5万元。5万元以下的用户可选择的产品有限，只能做存贷款、小额度的基金投资；而资产规模在5万元以上的人群刚刚踏入银行理财服务的门槛，银行会为这部分用户提供更为标准化的服务。信托产品的起购金额门槛一般为100万元，所谓的资产配置、财富管理，面向的正是这部分人群。

（三）投资者风险承受力维度

投资者的风险承受能力是指投资者在投资理财时可以承受多大的本金亏损。一般从安全性、流动性、收益率的角度，将用户的风险承受力分为保守型、稳健型、积极型三类。

保守型用户对于上述三个指标的优先级排序为安全性、流动性、收益率。首要投资目标是保持投资的稳定性与资产的保值。这部分用户首要考虑资产的安全，即不侵蚀本金；其次变现能力强，需要使用的时候能随时提取；对于收益要求是跑赢银行定存利率。此类用户购买的产品一般是货币基金类产品，或者是养老保障计划类的产品，流动性上最快可以实现T+1日赎回到账。

稳健型用户和积极型用户对于三个指标的优先级排序为收益率、安全性、流动性。但二者投资的目标不同。

稳健型用户的首要投资目标是资产的增值，强调投资风险和资产增值之间的平衡。这部分用户赚钱的需求是建立在不亏本的前提下，可以说兼顾收益与安全，能一定程度容忍流动性不佳的情况。他们购买的产品一般来说有固定收益类产品，一定时间内收益率基本固定，到期还本付息；或者购买预期相对稳定的债券型基金产品等。

积极型用户的首要投资目标是获取超额收益。他们手上有一定量的闲置资金，如果遇到比较大的亏损，也不至于影响正常生活。他们经常购买的产品一般是股票、混合型基金、股票型基金等。

（四）理财知识掌握意愿和掌握程度维度

前三个维度都是按照客观情况来进行的用户细分，第四个维度是按照用户主观意愿角度来做细分。比如针对不掌握理财知识且掌握意愿较弱的用户来说，他们比较青睐能够提供"一站式"理财产品的平台；而不掌握理财知识且掌握意愿较强烈的用户比较青睐能够提供大量信息的平台。

金融科技产品主要分成金融业务类和提供信息类两种类型。其中，金融业务类金融科技产品需要持有相关金融业务牌照；金融信息类产品具有提供信息或信息中介的职能，这里可以将金融信息类产品分成面向消费者（To C）和面向企业（To B）两种。对于提供理财投资决策信息的金融科技机构来说，可以在其中寻找最佳目标用户的分类。

三、金融科技用户的转化路径

从用户视角，依托互联网平台开展的金融业务是金融科技最主要的使用场景。因此，用户的使用路径中，除了兼顾金融业务的需求属性外，还包括互联网产品使用的关键路径的相关特征。

逐步拆解金融科技用户的金融消费关键路径，从广告推送到用户面前的一刻，就已经进入整个转化路径了。用户从看到广告到下载 App，这部分转化率主要看广告本身是不是足够吸引人，能不能在短短几十秒内让用户产生下载行为。因此，运营人员的价值在于提升每个转化步骤的转化率，从而提升用户整体的转化效率。

第一步：用户下载 App，完成账号注册。

大部分产品会让用户以游客身份先进入 App 主页，并使用与广告呼应的文案，吸引用户，让用户愿意为了最终拿到借款而注册账号。通过手机号一键登录等方式，让该环节尽可能简单方便，减少用户流失。假如注册流程过于烦琐，App 出现卡顿、闪退，收不到验证码，或是用户进入主页发现 App 与广告中宣传差异过大，都会造成用户流失。用户成功注册后，一个小的里程碑也就完成了，代表平台开始具备了主动触达用户的条件。

第二步：实名认证。

因反洗钱法等监管要求，金融机构开展金融业务之前必须要对用户进行实名认证。实名认证这个环节，用户线下体验比线上好很多，毕竟线下只需要拿着身份证在机器上刷一下就可以，线上就没这么简单了。线下场景单看实名认证这个环节，转化率接近 100%。从行业平均数据来看，银行 App 在实名认证环节的转化率只有 60%，金融科技平台因为更加注重用户体验，转化率相对要高，但也仅仅只能达到 65%。

目前在数字化转型过程中应用最广泛的方式是 OCR（光学字符识别），但 OCR 受光线、抖动、摄像头、网络等诸多外部不可控因素干扰，有天然的技术限制。有部分产品开始利用手机 NFC（近场通信）技术来做实名认证。手机 NFC 与线下网点采用的方式从底层技术上是相同的，不同点在于从本地硬件解码设备变成了公有云解码，从而将这套能力应用于线上 App。但缺点在于并不是所有手机都有 NFC 功能，其用户覆盖率在 70% 左右，因此需要与上述 OCR 方式相结合，达到最优效果。

第三步：银行卡认证。

银行卡认证，流失率在 3%~5%。能够记住银行卡号的人并不多，大部分用户到了这一步都是有卡的。一些金融科技产品提供 NFC 方式让用户可以把银行卡号直接读出来。

对于无卡场景，国内很多金融科技产品会集成一键绑卡功能，虽然从产品角度看会增加页面跳转，但这似乎是无卡场景下的最优解。

第四步：授信。

银行卡信息认证通过后就完成了绑定，这个用户就进入平台的风控模型中，接下来就是授信了。

从最初下载 App 到进入授信环节，每个阶段都会由于不同原因造成用户流失从而影响投资回报率（ROI）。随着投放成本日益提高，平台的运营人员必须要把每一个步骤细化并优化，提升用户体验，降低流失。

【练一练】

从业务合规的视角思考，金融科技行业的运营人员在实施获客、激活、留存等关键运营动作时有哪些注意事项？

【课后思考】

1. 简述金融科技三个发展阶段的重要特征和典型应用。
2. 简述金融科技用户的内在特质。

第四章

金融科技用户分层分类

【学习目标】

□ 知识目标
1. 了解用户生命周期理论及在运营实践中的应用。
2. 了解 RFM 模型的概念及主要建模方法。
3. 了解用户画像和用户标签的概念。

□ 能力目标
1. 能够准确绘制用户生命周期曲线并阐释其内涵。
2. 能够运用 RFM 模型进行用户分层分类。
3. 能够完成用户画像调研及报告撰写。

□ 素质目标
1. 在大数据和人工智能等技术应用背景下,培养学生用发展的视角看待用户分析方法的意识。
2. 培养学生在研究过程中团队合作的意识。

第一节 用户分层分类思想

一、传统市场营销理论的市场细分

(一) 市场细分的变量

按照传统的市场营销理论,用户在需求、资源、定位、购买态度与购买行为等方面存在巨大的差异。通过市场细分,企业把千差万别的市场分成几个部分,以便更加有效地为目标市场提供最匹配的产品或服务。在细分市场中常用的变量包括地理细分、人口统计细分、行为细分。

1. 地理细分变量

地理细分变量是指将市场分成不同的地理区域,比如国家、省份、城市等。但凡市场营销中需要涉及线下运营,企业就需要考虑不同区域的需求,尽可能将产品、广告、促销和营销人员本土化，以适应个别区域的特殊需求。

2. 人口统计细分变量

人口统计因素是细分消费者群体最常见的依据，其细分变量包括年龄、生命周期阶段、性别、收入水平、工作、教育水平等。与别的变量相比，人口统计变量更容易测量。营销人员了解该市场的人口统计特征，有助于准确评估目标市场的规模。

3. 行为细分变量

该变量是根据消费者对一件产品的了解程度、态度、使用情况或反应划分消费群体，具体包括时机细分、利益细分、用户地位、使用率、忠诚度等变量。

时机细分能够帮助企业确定消费者使用产品的特殊场景。比如有些需求是需要特定节假日激发的，像夏季是空调产品销售的旺季。

利益细分变量是按照消费者从产品中获取的不同利益来划分的。需要营销人员能够发现消费者在某类产品中追求的主要利益，不同的消费群体追求不同的利益和品牌。例如，购买自行车的销售者寻求不同的利益，如竞技比赛、运动性能、健身、旅游、交通和简单的娱乐等。因此，自行车生产厂家主要制造三类自行车：公路自行车、山地车和通勤自行车。

用户地位与用户所处的人生阶段相关，比如刚刚有了孩子的父母、新婚夫妇等。

使用率变量根据用户使用产品的频率将用户细分为轻度、中度与重度用户。

忠诚度是依据消费者对产品的忠诚程度来细分。一些忠诚度非常高的用户，会持续购买一个品牌并迫不及待地将产品介绍给他人。高度忠诚的用户是企业的一项无形资产，这些用户会通过口碑与社交媒体来帮助产品提升品牌。通过研究低忠诚度的消费者，公司能够获知哪些品牌对他们有威胁；通过观察品牌转换的顾客经历，公司能够了解营销的劣势，并进行策略调整。

（二）市场细分变量的特征

总的来看，营销人员很少把用户细分集中在一个或多个变量，通常采用多种细分标准识别出更小、更精准的目标群体。一些市场咨询公司能够提供基于整合地理区域、人口统计特征、生活方式和行为数据的多变量细分的系统化商业信息服务，帮助企业将市场细分至邮编区域、社区甚至家庭。每个细分市场都有它独特的喜好、厌恶和购买行为特征。

需要特别注意，尽管有许多细分市场的方法，但并不是所有的市场细分都是有效的。有效市场细分应该遵循的原则是：

第一，可测量性。细分市场的规模、购买力与构成必须可测量。

第二，可达性，指企业能够有效接触并服务细分市场。

第三，可持续性。细分市场的规模和获利空间要足够大。一个细分市场应该是尽可能大的同质群体，这样才值得定制营销计划。例如，一个汽车制造商不会为身高2米以上的消费者批量开发和生产汽车。

第四，差异性。细分市场在概念上应具有可辨识性，能够对不同的营销组合元素和活动作出不同的响应。如果男性和女性对软饮料的营销活动反应没有明显的区别，那么性别细分对于软饮料销售的细分市场则意义不大，他们不会构成两个不同的细分市场。

第五，可执行性，即企业的员工及预算等资源能够有效支撑活动的实施，用于吸引并服务细分市场。比如一家公司的运营部门只有2名员工，尽管细分市场可以识别出多个，但由于自身人力资源的限制，企业针对每类人群开展营销活动的能力有非常大的局限性。

【练一练】
任务要求：按照你所掌握的市场细分标准，从产品需求角度出发对国内金融行业进行细分，并对主要的细分市场进行特征描述。

二、大规模用户时代的市场细分

大规模用户时代的背景是数字经济的广泛应用。数字经济是继农业经济、工业经济之后的一种新的经济社会发展形态，已成为转型升级的重要驱动力，也是全球新一轮产业竞争的制高点。在有限供给品领域，客户常常是跟供应商做一次性交易，而新经济企业和用户是相互的长期关系。一个典型的例子是，用户在使用微信或抖音App时，不断地为供应商创造各种各样的价值。流量变现就是企业的规模用户去变现、赚钱。无限供给品的增长规模效应主要体现在客户端，客户具有非常典型的资产特征，客户资产化的趋势越来越明显。

互联网时代的企业成长所依靠的不再是产能的扩大，而是用户的增长。这是对传统经济学理论的一个根本颠覆，传统经济学理论认为企业的生产要素是不断消耗的，而互联网产品的特征更倾向于一种无限供给产品，企业可以快速且几乎无成本地复制任何其想要的数量。个人用户越来越依赖基于网络连接的产品，用户越来越多的行为在产品中留下可识别的痕迹。这些可跟踪的用户使用行为远远突破了传统市场营销理论中的市场细分变量。大规模用户时代面临着用户精细化管理的现实需求。

精细化运营依赖于对特定场景的识别。对场景的描述就是一个分析用户在特定条件下具体需求的过程，解读这个过程可以更容易地对用户需求作出分解并从中找到吸引用户的关键。在对场景的描述过程中，需要涉及到以下要素：发生时间、发生地点、周围环境出现的事物、特定类型的用户以及该用户所萌发的内在欲望、用户为满足欲望所采取的某种手段或方式。

在解决用户具体的需求时需要引入场景，需求就修正为场景需求，即在特定的场景下体现出的需求，其与场景息息相关，场景不同，场景需求就有明显差异。微信应用的核心是解决了熟人间社交的场景需求。在微信功能设计上，初衷是帮助用户构建一张与熟人间的强关系连接网，即通过语音对讲、视频等功能与好友进行直接交流，降低沟通成本，提升沟通效率。陌陌应用的核心是陌生人间用户社交的场景需求。陌陌的用户关系从跟陌生人搭讪入手。首页显示的就是附近的陌生人列表，群与活动都是由陌生人之间成立起来的。陌陌强调与陌生人搭讪，关注他人动态，弱化好友功能。

在以内容生产为核心的产品中，要使不同的用户看到不一样的内容，即"千人千面"，需要采用更高效率的推荐算法，将人工编辑推荐向机器算法分发转变，其底层实现的技术基础在于用户的多维度分层分类。

以小红书平台为例，其推荐系统进行过至少三次升级。第一次是基于历史行为进行用户分组，然后通过标签判断用户感兴趣的内容，据此进行推荐；第二次是接入机器学习，通过用户收藏、点赞、加购物车等行为进行用户画像，同时对平台内容进行分类，然后进行判定和对接；第三次是采用更高级的算法，预判用户可能感兴趣的内容进行推荐，并实现内容的泛化。通过机器算法分发内容，小红书的定位从中产女性的小众社区产品晋升为大众都在使用的社区产品，从最初局限于美妆、个人护理等方面的内容，实现圈层突破，用户数实现翻倍增长。

总之，用户分层分类的本质与市场营销理论保持一致，即对用户进行分层分类管理。只是市场细分的变量更多、细分层次更丰富，同时也发展出一些基于在线使用行为的分类变量。

比如可以按照用户转化路径对用户进行细分，即注册行为对应新用户、下载行为对应下载用户、使用行为对应活跃用户、下单行为对应潜在交易用户、成交行为对应付费用户。在付费用户里又可以分出多个群体，即完成了分群。分层强调不同层次用户行为的转化，而分群是针对同一层次的用户群进行区分。

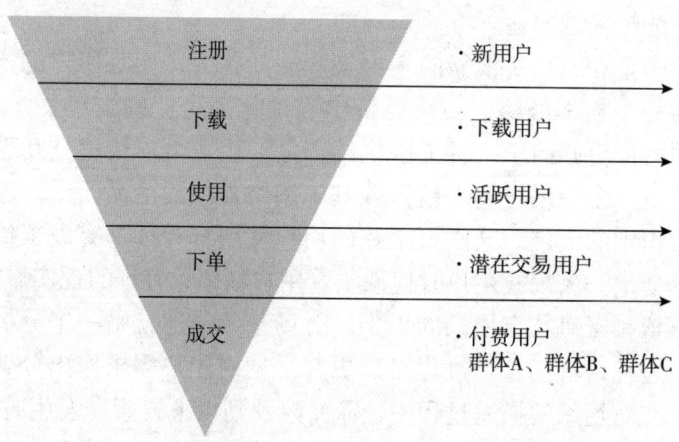

图 4-1　按照用户转化路径对用户进行细分

比如按照用户的贡献度、用户角色进行市场细分，可以将用户分为一般用户、有价值用户和核心用户，从而为不同类型的用户制定针对性的运营策略。从贡献视角看用户分层，以猫眼电影为例，该产品将其用户分为普通用户、电影爱好者、电影发烧友、活动发烧友四个类型，用户行为特征不同，采用的针对性运营措施亦有差异（见表4-1）。

表 4-1 针对不同用户分类及运营措施示例

近 30 天的周贡献量	用户数占比	用户类型	用户特征	运营措施
1	75%	普通用户	一般购票用户	通过个性化推送，提升转化率
2	18%	电影爱好者	专注院线片，有贡献动力和能力	结合院线片的热点活动
3	5%	电影发烧友	不限院线片，电影覆盖面很大，有鉴别力	有策划性的内容或活动
≥4	2%	活动发烧友	容易被活动激励，贡献力强	有礼品或榜单的高产出活动

总之，用户分层的本质是一种以用户特征、用户行为等为中心对用户进行细分的精细化运营。通过用户分层，企业能够精准识别出特定属性的用户，并对其进行精准营销。当然，实施用户分层的前提在于企业能够通过数据字段或标签等方式将不同层级的用户区分出来，通过系统化操作的方式对细分用户人群实施稳定而明确的运营机制或策略。

第二节　用户生命周期模型

一、用户生命周期曲线

用户生命周期曲线形象化地表达了用户基于产品体验的发展过程，即对于企业（平台）的产品，用户从开始使用、深度使用、付费、会员成长到最终不再使用的行为变化过程。该曲线将用户生命周期分成五个阶段，包括引入期、成长期、成熟期、休眠期、流失期（见图 4-2）。

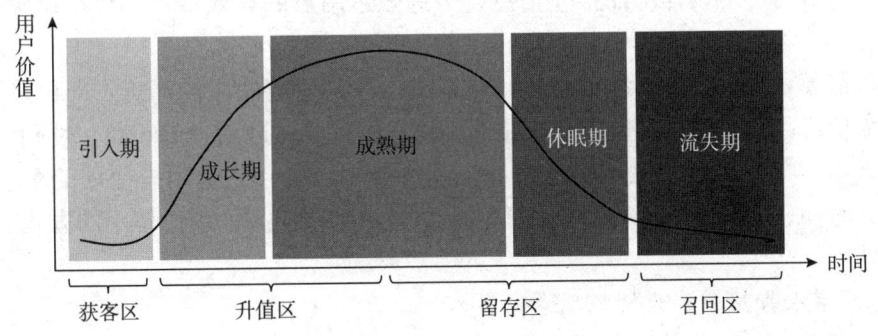

图 4-2　用户生命曲线与用户所处阶段

【练一练】

1. 请绘制用户生命周期曲线，并标识出不同的生命周期阶段，为每一个阶段选取一个能够描述该阶段用户行为表现或情绪状态的成语。

2. 分别找出你可能是哪些互联网产品的引入期、成长期、成熟期、休眠期、流失期的用户（每个阶段选择一个有代表性的互联网产品即可）。

3. 提炼上一题中所使用的分类标准，即用哪些量化的指标判断出你在这些App所处的生命周期阶段，评估指标尽可能具体。

二、不同生命周期阶段用户行为特征及运营策略

基于用户生命周期曲线对用户所处阶段的分层来看，每个阶段的用户有不同的行为特征，对应不同的运营策略（见图4-3）。

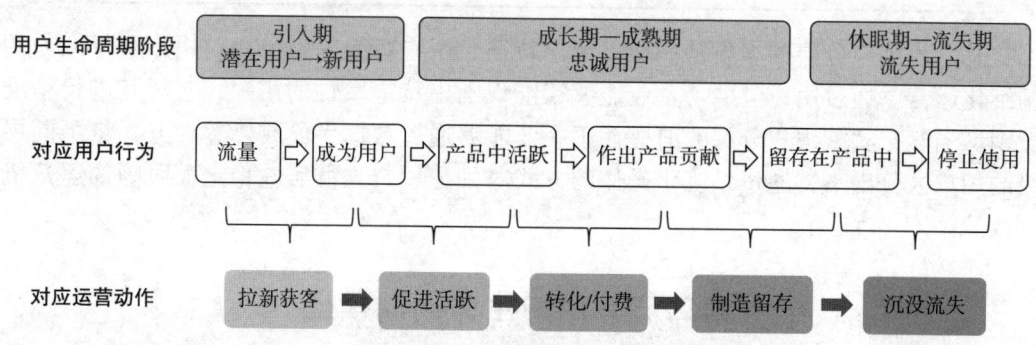

图4-3 用户生命阶段对应的运营动作

（一）引入期用户行为特征及运营策略

1. 特征概述：刚开始接触产品，本着好奇的心理尝试使用产品，目前尚无任何深入使用；或者刚完成注册，但尚未完成功能体验。

2. 可量化的行为特征：用户注册成功，未体验完整功能。

3. 运营策略：促进新用户转化。充分了解用户的行为习惯、性格特征、文化圈子等属性，有针对性地设计产品推介信息，筛选触达用户的有效渠道。将所运营的产品以恰当的方式曝光给用户，引起用户的注意和兴趣。

具体需要了解用户的哪些信息？具体来说，一是研究用户的痛点，即用户存在什么迫切需要产品帮其解决的问题；二是研究用户的特征，即用户的年龄、性别、身高、体重等人口学特征以及相关联的心理特点、行为特点等；三是用户使用的场景研究，即在什么时间、什么空间、什么条件下，用户会用到该产品，用户使用的方式、程度、频率等特征。

（二）成长期用户行为特征及运营策略

1. 特征概述：初步养成使用习惯，体验了核心功能，初步了解产品的使用路径，使用频次逐渐增加，最终实现定期使用产品；已经完成核心功能体验，访问频次或交易行为满足最小临界值。

2. 可量化的行为特征：已经完成核心功能体验，访问频次或交易行为满足最小临界值。以支付宝支付功能为例，用户成功完成的一笔扫码支付行为视为完成了产品的一项核心功能体验。

3. 运营策略：降低用户使用的门槛，激励用户持续使用产品。在吸引用户的兴趣后，为了让用户更容易体验产品，要尽可能降低用户的使用门槛，即让用户使用的流程尽量短、花费的学习成本和时间成本少、使用难度降低。因此，很多产品会给用户提供新手指南的运营活动，使用户了解产品是什么、产品如何使用，并激励用户使用产品。在降低门槛方面，还包括降低用户需要投入的资金等资源，比如7天免费体验会员、提供10元的理财红包等。

（三）成熟期用户行为特征及运营策略

1. 特征概述：对产品形成高度使用习惯和依赖，使用时间显著延长，频次显著提高，贡献较高商业价值；一段时间内，活跃次数或交易次数处于稳定阶段。

2. 可量化的行为特征：一段时间内，活跃次数或交易次数处于稳定阶段。

3. 运营策略：老用户维护，引导、发掘潜在需求，通过产品满足其核心需求。借助用户已经形成认知的事物，帮助用户理解和记忆。从人类的认知规律来说，如果一个新鲜事物与已知事物建立联系，总是更容易被认知和熟悉。比如瓜子二手车最初通过品牌营销获取新用户对二手车交易平台的形象进行重新塑造，当用户处于特定的二手车买卖需求场景时，自然而然想起该产品。

产品需要解决用户的现实问题，这是产品存在的根本意义。有时候产品短期不能解决用户问题或者从功能角度已经满足用户需求，可以增加运营性质的功能。比如2015年滴滴与优步竞争时，滴滴为了提升乘客与司机之间的体验，推出了乘客和司机相互打分和贴标签活动，通过这样的互动，乘客有机会使用关键词去筛选更合适的司机。在知乎App中，点赞和感谢的功能是对优秀的回答者的肯定，能够满足回答者内心的荣誉感。

优秀的互联网产品应该为用户营造出参与感的氛围和机制。通过输出和强化产品的价值观，将用户吸引到价值共同体中，充分给予用户参与的机会。

（四）休眠期用户行为特征及运营策略

1. 特征概述：曾经非常活跃，但已经开始不再访问和使用产品；有一段时间尚未访问产品。

2. 可量化的行为特征：有一段时间尚未访问产品。

3. 运营策略：流失预测以及客户挽留。

（五）流失期用户行为特征及运营策略

1. 特征概述：长时间未曾访问产品，甚至卸载产品，无法激活用户；连续一定天数未曾使用产品。

2. 可量化的行为特征：连续未曾使用产品的天数达到临界值。

3. 运营策略：流失预测以及客户挽留。

【练一练】

使用用户生命周期方法分析互联网产品时，该产品是否需要经历完整的生命周期阶段？

三、用户生命周期各阶段判断标准案例分析

(一) 案例1——某金融科技平台（见表4-2）

表4-2　　　　　　某金融科技平台的用户阶段划分标准

阶段	用户行为特征概述	衡量标准	判断标准
引入期	用户绑卡后的一段时间，进行新手产品交易，行为开始活跃	平均30天余额≥100元	满足衡量标准即通过体验期
成长期	余额呈现增长趋势，用户各方面行为较为活跃	当日余额/30天平均余额	当日余额/30天平均余额＞1.1元
成熟期	余额较为稳定，稍有增长或减少（均在一定范围波动），用户交易行为也较稳定	当日余额/30天平均余额	当日余额/30天平均余额在0.9元到1.1元之间
休眠期（早期）	余额减少	当日余额/30天平均余额	当日余额/30天平均余额＜0.9元
休眠期（晚期）	余额下降至＜100元用户还有一定行为	当日余额、行为指标	当日余额＜100元最后一次登录时间≤7天
流失期	余额下降至＜100元用户没有行为	当日余额、行为指标	当日余额＜100元最后一次登录时间＞7天

注：表格中的"余额"指用户在该平台持有的账户余额。

该平台根据用户生命周期阶段模型进行分析后，发现不同会员等级的用户的转化周期有差异，具体如表4-3所示。

表4-3　　　　　　某金融科技平台不同会员等级的转化时长

用户会员等级	引入期持续时长平均值	首次成长期持续时长平均值
总体平均	6.5天	21.6天
V2用户	2.3天	17.7天
V3用户	2.1天	25.0天
V4用户	2.0天	26.5天

注：该平台将用户等级由低到高划分为V0、V1、V2、V3、V4、V5。

(二) 案例2——某在线音乐平台（见表4-4）

表4-4　　　　　　某在线音乐平台用户阶段划分标准

阶段	用户行为特征概述	衡量标准
引入期	1. 喜欢听歌，以前使用过音乐App，甚至目前仍是音乐App的使用者； 2. 喜欢小清新、简单风格，对音乐或歌手有自己偏好的年轻人； 3. 使用本平台听歌，但未完成注册的用户	潜在用户
	已完成注册的用户	新用户

续表

阶段	用户行为特征概述	衡量标准
成长期	1. 首次活跃：完成注册且根据引导完成收听行为的用户 2. 活跃：在一定的时间周期内有收听行为的用户，且收听曲目 > X 首；根据不同的听歌量与登录天数，区分为不同等级的用户	活跃用户
	在 7 天/30 天/60 天/90 天内（具体天数内部定义）打开音乐 App 的注册用户	留存用户
成熟期	1. 付费购买免流量听歌 2. 付费订阅会员 3. 商城购物	付费用户
休眠期	距离上一次活跃 Y 天后未登录 App 的注册用户	沉睡用户
流失期	1. 已卸载用户 2. 距离上一次活跃 Z 天后未登录 App 的注册用户	流失用户

注：X、Y、Z 为内部定义阈值，根据实际情况进行调整。

（三）案例 3——某在线阅读平台（见表 4-5）

表 4-5　　　　某在线阅读评议的用户阶段划分标准

阶段	用户行为特征概述
引入期	已完成注册的用户
成长期	1. 已完成书籍挑选和试读，并支付书币完成整书购买 2. 一周内超过 2 次登录，累计阅读时间超过 2 小时
成熟期	已形成习惯，连续 3 周每周至少登录 5 次，阅读时间超过 5 小时的用户，每月至少支付书币完成 3 本书的购买
休眠期	距离上一次活跃 30 天后未登录 App 的注册用户
流失期	1. 已卸载用户 2. 距离上一次活跃 60 天后未登录 App 的注册用户

注：引入期过渡到成长期的用户关键行为变化是完成注册并试读，或将感兴趣的书籍加入书架，完成支付书币购买；成长期过渡到成熟期的用户关键行为变化是持续产生支付书币购买书籍行为。

四、用户生命周期模型在运营中的应用

用户生命周期曲线给互联网运营从业者的启示在于，通过定义关键节点和关键用户行为，界定用户从接触产品到最后放弃产品的典型周期，作出相应的预警和干预动作。

（一）适用用户生命周期管理思维的产品类型

所有产品都涉及用户生命周期，但不是都需要管理用户生命周期。从产品生命周期来看，初创期产品由于资源不足，不需要过分强调用户生命周期管理。从需求强烈程度和市场供应的强度来看，需求越强烈供应越稀缺的产品，越不用过多考虑用户生命周期。

（二）用户分层后运营策略制定（见表4-6）

表4-6　　　　　　　　　　用户分层后运营策略示例

序号	希望用户发生的行为类型	对应的常见运营策略
1	一次性完成某个关键行为（如关注某个内容源、首次下单等）	1. 给予一次性物质奖励（礼品、红包等）、某种权益刺激、某种荣誉刺激 2. 增加引导推荐的精准性
2	希望用户保证某种最低程度的贡献（如每月最少发帖20次）	给予特殊达标奖励
3	让用户长期持续保持某一行为（如持续浏览、使用、购买、发布内容等）	长期培养习惯 1. 找到用户获得正反馈的核心驱动力，定向引导 2. 为用户定期发生的行为提供额外刺激（折扣、消费福利领取） 3. 每次访问进行随机奖励
4	让用户完成能力和身份上的进阶或跃迁（普通用户转变成内容贡献用户）	1. 身份方面：专属权益、予以刺激 2. 能力提升：专门指导或培养
5	让用户对产品产生更高的情感认同	1. 用户在产品中获得更多高价值关系 2. 增强用户与产品的情感联系

【练一练】

某在线阅读App在过去一个月新增80万注册用户，其中68万用户停留在引入期，仅有约12万用户进入成长期。经由分析，发现如下数据：

（1）从引入期到成长期有两条关键路径。约12万"成长期"用户中，经由路径1的用户有43654人，经由路径2的用户有74361人。

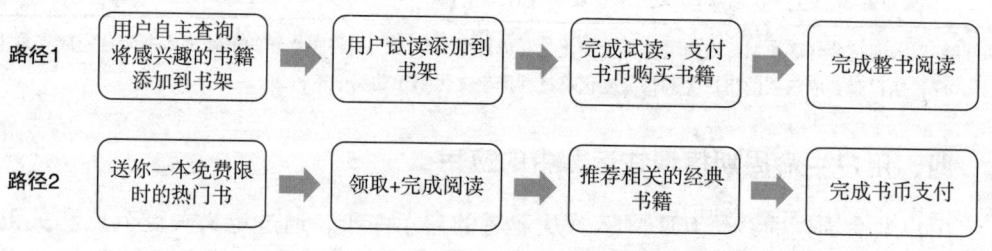

图4-4　某在线阅读App用户访问的典型路径

（2）约12万"成长期"用户中，男女用户占比为55.3∶44.7。

（3）参与"读书会"的用户中，50%的用户最后都完成了书币支付，站内平均书币支付率仅有15%。首次完成阅读前使用"精选专题"找书的用户，其书籍读完率为30%，站内平均用户读完过书籍的占比为21%。

如果要引导更多引入期的用户进入成长期，可以采取哪些措施？

第三节　RFM 模型

依靠用户价值进行分层有两种常见做法：一是依靠用户生命周期的定义，根据用户成长路径的划分（时间和成长阶段），对用户进行分层；二是通过关键用户行为对用户进行价值区隔，找到产品中能够衡量用户价值的关键行为，对其进行交叉分析和评估，最终形成分层模型，比如经典的 RFM 模型。两者比较来看，前者考虑时间和成长路径，后者将时间的结果放到用户的行为上。

【练一练】

图 4-5 是某旅游在线交易平台的交易用户分布。对不同属性的用户所占比例进行求和，有如下结果：A1 + A2 + A3 = 72.57%，B1 + B2 + B3 = 25.2%，C1 + C2 + C3 = 1.97%，D1 + D2 + D3 = 0.3%。

请结合所掌握的用户生命周期模型知识进行分析。

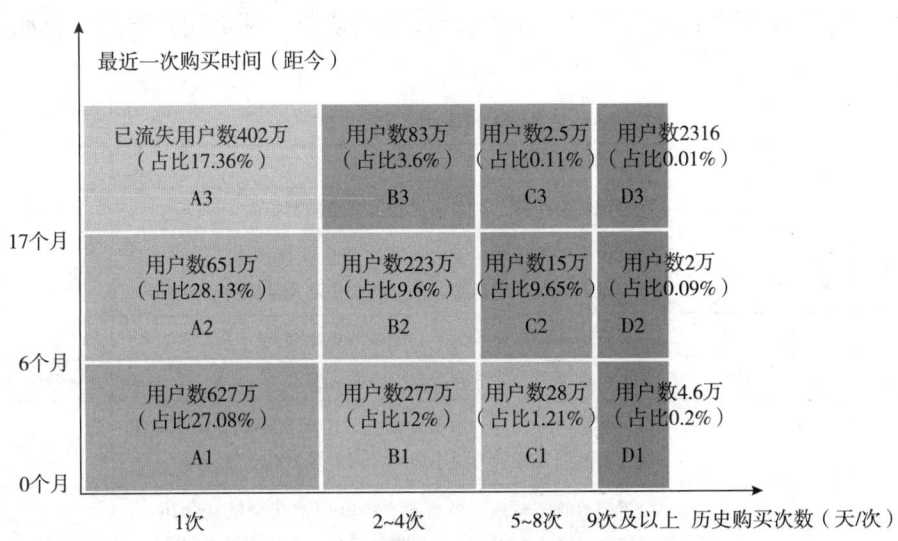

图 4-5　某旅游在线交易平台的交易用户行为分布

一、认识 RFM 模型

（一）什么是 RFM 模型

在众多客户关系管理（CRM）分析模式中，RFM 模型是被广泛提到的。RFM 模型是衡量客户价值和客户创利能力的重要工具和手段。RFM 分析就是根据客户活跃程度或交易金额的贡献进行客户价值细分的一种方法。

R 是 Recency 的缩写，代表客户最近一次交易时间的间隔。R 值越大，表示客户交易发生的日期越久，反之则表示客户交易发生的日期越近。

F 是 Frequency 的缩写，代表客户在最近一段时间内交易的次数。F 值越大，表示客户交易越频繁，反之则表示客户交易不够活跃。

M 是 Monetary 的缩写，代表客户在最近一段时间内交易的金额。M 值越大，表示客户价值越高，反之则表示客户价值越低。

RFM 模型假设交易存在以下可能性：

假设 1：最近交易过的客户优于最近没有交易过的用户；

假设 2：交易频率高的客户优于交易频率低的用户；

假设 3：交易金额大的客户优于交易金额小的用户。

（二）使用 RFM 模型区分用户价值

RFM 模型主要用途包括识别优质客户，衡量客户价值和客户利润创收能力，进而制定个性化的沟通和营销服务，为更多的营销决策提供有力支持。最后一次投资时间距离目前的时间间隔，可判断用户流失可能性；最近 90 天的投资次数，可判断用户活跃度及忠诚度；最近 90 天的投资总金额，可判断用户的投资潜力。

实际运用时，可以把每个维度做分段处理，即把每个维度分成高/低两种情况，得到 8 组用户。假如编号次序为 RFM，1 代表高，0 代表低，那么用户群的分类如表 4-7 所示。

表 4-7　　　　　　　　　　　RFM 用户群特征

R	F	M	用户群编号	用户群特征	用户群类型
1	1	1	111	最近消费时间近、消费频次和消费金额都很高	重要价值客户
0	1	1	011	最近消费时间较远，但消费频次和金额都很高，说明这是个一段时间没来的忠诚客户，需要主动和他保持联系	重要保持客户
1	1	0	110	最近有消费，消费频次高，但是消费金额低	一般价值客户
0	1	0	010	最近没有消费，消费频次高，消费金额低	一般保持客户
1	0	1	101	最近消费时间较近、消费金额高，但频次不高，说明是忠诚度不高但很有潜力的用户，可以重点发展	重要发展客户
0	0	1	001	最近消费时间较远、消费频次不高但消费金额高的用户，可能是将要流失或者已经流失的用户，应当给予挽留措施	重要挽留客户
1	0	0	100	最近有消费但是消费频次和消费金额都低	一般发展客户
0	0	0	000	最近没有消费但是消费频次和消费金额都低	一般挽留客户

【练一练】

使用 1~8 的数字，对表 4-7 中呈现的八类 RFM 用户群价值进行优先级排序（1 表示用户价值最大、8 表示用户价值最小），并说明理由。

（三）RFM 模型扩展应用

参考 RFM 的逻辑，用户价值的划分可以诞生出很多变种。核心是找出影响单用户价值高低的用户行为，然后进行多维交叉分析和用户划分。

- 针对金融行业：投资金额、投资频率、最近一次投资时间；
- 针对内容行业：评论次数、评论字数、评论被点赞数；
- 针对直播行业：观看直播时长、最近一次观看时间、打赏金额；
- 针对在线网站：登录次数、登录时长、最近一次登录时间；
- 针对游戏行业：等级、游戏时长、游戏充值金额。

总之，RFM 模型是一种思考方式，不是唯一答案。任何产品，如果要通过用户关键行为对用户价值进行判断，至少需要找到两个关键指标进行交叉分析，实现用户分群。

二、RFM 模型实施步骤

（一）抓取用户 R、F、M 三个维度下的原始数据

RFM 模型中提取的原始数据的相关字段一般包括用户 ID、交易时间、订单金额。利用上述三个字段计算每个用户 ID 的 R、F、M 的值，这些值的定义如下：R 为最近一次交易时间差，F 为一段时间内的消费频次，M 为一段时间内的消费金额。

说明：

1. 定义"一段时间"是多久，提取该时间段内的所有订单数据。一般"一段时间"需要参考业务和用户的完整交易周期来看，通常采用 30 天、90 天，甚至半年、1 年为时间区间。

2. 对用户范围也需要界定，是全部用户，还是满足特定行为的用户（有 1 次以上交易行为的用户），这个取决于分析目标，降低数据干扰。

（二）定义 R、F、M 的评估模型与中值

中值是根据统计方法计算的处于中间位置的值。需要注意，交易频次、最近一次交易时间、消费总金额等信息，要依据实际业务特性确定高和低的相对方向。比如 F 字段，F 值越小表示越好，F 值越大表示越差。

几种常见参照原则：

1. 按照统计学方法，计算所有数据的平均值或中位数。中位数是指将所有的数据按照从小到大排序后，处于 50% 位置的值；众数是指属于所有数据中出现次数最多的值；平均数是指计算所有数据的算术平均数得出的值。

2. 基于一个业务时间节点的重要值分布，计算中值。当数据分布比较离散时，根据业务特性或数据分布来划分数据分布区间，即对数据进行分组处理，比如用户的重要交易时间节点是 1 天、7 天、30 天、60 天等，可以将 F 属性的时间划分为 0～1 天、2～7 天、8～30 天等。考虑短期产品交易周期及用户按月发工资等业务属性，理财平台一般按照 30 天作为中间值。

3. 根据统计学的聚类算法（k - Means、两步法等）进行临界值计算。

（三）进行数据处理，获取用户的 R、F、M 值

以在线培训平台为例，使用 Excel 工具。

R 值估算：用户最近一次购买时间距今的时间间隔。获取用户"最近一次交易时

间"字段，计算距离今天的天数的差值。

F 值估算：获取用户交易次数数据，估算 F 值（一段时间内的消费频次）。

M 值估算：利用 Excel 的数据透视图获取单个用户的交易总金额，估算 M 值（一段时间内的交易总金额）。

（四）参照评估模型与中值，对用户进行分层

参照此前定义的 R、F 和 M 的中值，给每个用户打上标签。

（五）针对不同层级用户制定运营策略，推进落地

对数量最多的重要深耕用户（R 高、F 低、M 高），提供满足用户需要的产品；对大量新用户（R 高、F 低、M 低），设计好的转化路径；对大量挽留用户（R 低、F 低、M 高），关注用户的需求，促成交易。

第四节 精细化用户管理与用户画像

一、用户画像产生背景

（一）认识精细化运营

用户管理目标仍然是为企业创造价值，其路径可以通过积累大量流量（潜在用户）或者直接产生收入。在产品的用户规模变大时，企业无法再依靠一套简单的粗放的机制或策略来服务好所有的用户。基于电商业态的精准营销及企业进入成本精细化运营的背景，企业依靠更精准、可衡量和高投资回报的营销策略，建立成本竞争优势。

针对不同的用户制定更有针对性的策略，以尽量满足大多数用户，这个过程称为精细化运营。用于抽象出企业核心用户的信息标签全貌的方法称为用户画像。

（二）精细化运营与用户差异化细分

精细化运营通常会对用户进行差异化细分，最常见的区分维度是人群维度、渠道维度、场景维度、使用流程维度（见图 4-6）。

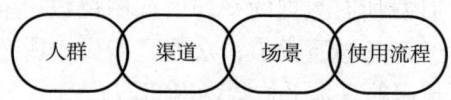

图 4-6 精细化运营细分用户维度

以某阅读 App 为例进行分析。

从人群角度细分，它的用户可以按照男性用户、女性用户进行区分，当然还存在其他的分类维度。

从渠道细分，有从部分纸质书扫码来的用户，有从应用商店自然下载 App 的用户，也有通过微信大 V 投放广告来的用户。

从场景细分，有些用户是在早晚上下班的路上阅读，有些是每晚睡前阅读，有些是周末下午阅读。

按照使用路径细分，可以发现用户经历了访问、注册、使用A功能、使用B功能、付费的路径，而有些用户是注册后直接使用C功能、D功能并完成付费的路径。在产品设计中，用户经历的主要路径称为关键路径。关键路径的用户体验往往决定了用户对产品的整体使用体验。优化和提升关键路径的访问效率是产品功能设计的重要关注点。

因此，判断用户细分是否合理，核心在于被区分的几类用户在行为上是否能呈现出显著的差异和规律性。

二、认识用户画像

（一）用户画像的概念

交互设计之父艾伦·库伯最早提出用户画像的概念。他认为，用户画像是真实用户的虚拟代表，是建立在一系列真实数据之上的目标用户模型。用户画像可根据用户的目标、行为的差异，将用户区分为不同的类型，为每种类型抽取出典型特征，赋予名字、照片、一些人口统计学要素、场景等描述，形成一个人物原型。这些人物原型与戏剧中的经典人物角色的作用相似，来源于实际，却又将数以百万计的差异化用户典型化，某种程度上实现对大规模用户的降维管理，提升管理效率和营销精准度。

很多平台会基于自身生态链数据推出用户画像查询与分析服务。比如百度推出了百度指数平台，使用者可以通过输入关键词获得基础画像；一些电商平台也推出基于用户消费行为的指数，从而勾勒用户画像。

此外，还有很多第三方移动数据统计公司定期发布关于移动互联网产品的用户画像报告。

【练一练】
使用百度指数等互联网用户画像分析工具，获取产品的用户画像信息。

（二）用户画像案例分析

以某金融科技平台的用户画像为例，通过外部数据调研，分析该平台的用户有五类，分别是线下情感族、随波逐流族、营销活动族、理性背书族、收益精算族。

1. 每类人群描述

人群A：线下情感族

关键特征描述：
- 二线城市年长用户，女性居多
- 理财知识缺乏
- 容易受周边人影响
- 易通过线下活动建立信任
- 接收5个以内的理财平台，以第一梯队、第二梯队的平台为主

人群B：随波逐流族

关键特征描述：
- 二线城市年长用户，女性居多
- 理财知识缺乏
- 极易受周边人影响
- 认知品牌极少，主投1~2个平台

人群C：营销活动族

关键特征描述：
- 一线城市年轻用户、二线城市年轻及年长用户
- 纯营销活动导向：只考虑平台的活动是否有吸引力，试投多个平台
- 受营销活动吸引，综合考虑利率、产品

人群D：理性背书族

关键特征描述：
- 一线城市男性用户
- 信息收集能力强
- 投资知识充足、理性
- 选择考虑因素：理财背景、收益、营销活动
- 所接受平台：以第一梯队的平台为主

人群E：收益精算族

关键特征描述：
- 一线城市用户中年轻年长均有，但占比不高；二线城市高资产男性用户
- 信息搜集能力强
- 投资知识不足，无法判断信息真伪
- 选择考虑因素：收益

2. 用户价值识别

分析企业的用户画像，可以帮助企业识别出有价值的人群，同时制定有针对性的营销策略（见图4-7）。

【练一练】

在图4-7的用户画像案例中，哪一类是营销拓展的重点用户？原因何在？

3. 制定针对性营销策略

根据用户群的价值和留存情况，建议不同用户群的拓展优先级：
- 优先级高：一线城市30岁以上用户、二线城市30岁以上用户、三线城市30~39岁用户、三线城市40岁以上用户；
- 优先级中：一、二线城市24~29岁用户，三线城市24~29岁用户；
- 优先级低：一、二线城市18~23岁用户，三线城市18~23岁用户。

具体情况如表4-8所示。

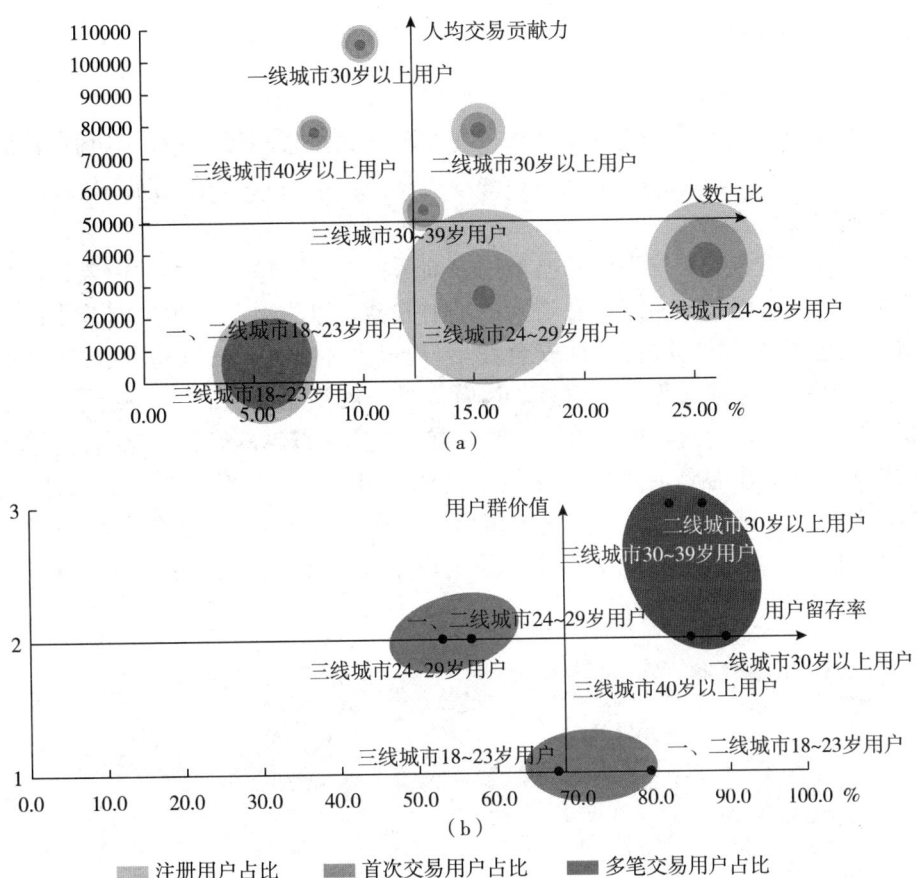

图 4-7 用户价值识别

表 4-8 不同类型用户的营销策略制定

用户类型	18~23 岁用户	24~29 岁用户	30 岁以上用户
核心诉求	兼顾较高流动性和较高收益	流动性要求较高	期限较长、较高的收益
用户资金现状	1. 生活支出是主要经济压力 2. 可投资金额较少 3. 对优惠、激励的敏感度较强	1. 生活支出是主要经济压力 2. 有一定投资能力 3. 获取成本较高（代金券的刺激效果不明显）；受竞争平台的影响，容易迁移到其他平台从而造成流失	1. 生活支出、房贷、子女费用是主要经济压力 2. 可投资金额较多 3. 留存情况较好，但复购率不高；在平台目前没有合适产品情况下，用户选择观望
针对性营销策略	该用户群投资金额较低，对激励的敏感度高，需要交易用户量的时候，可以更多向这些用户推送一些激励、优惠	该用户群有一定投资能力，但忠诚度不高，获取成本较高，可作为未来重点发展的用户群	该用户群投资金额较高，且投资的忠诚度较高，现阶段应该更多向该用户群推送更多激励、优惠，刺激更多交易额

三、认识用户标签

(一) 用户标签的概念

营销工作的第一步是确定目标受众。在互联网这个虚拟世界中，隐藏在幕后的用户拥有太多可能性，因此在数字化营销逐渐占据主流的时代，互联网产品或服务的人群画像愈加重要。

运营人员描述金融科技平台的典型用户画像："一个32岁的女性白领，喜欢在发工资后挑选合适的理财产品，查看当天的理财收益，家里有一个3岁的孩子，喜欢线上购物，关注理财产品的收益率和安全性。"通过上述描述，可以提取到用户的年龄、性别、理财产品风险偏好等关键信息。运营人员了解到这些信息后，就能根据活动性质和商品属性，将营销内容推送给对应的人群，定向人群越准确，转化率就可能越高。

用户画像的描述需要通过用户标签来实现。用户标签是对用户行为特征的抽象，是对用户分类的一种方式，利用标签的值可以描述具有某一相同特征的用户群体（见图4-8）。比如，在Html语言表达中，给用户贴上年龄的标签，表达为Age=18，那么18岁就是给用户贴上的标签。

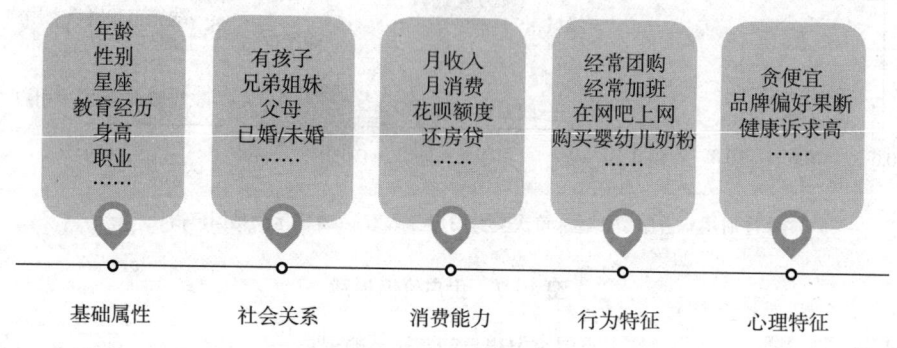

图4-8 用户标签示例

(二) 用户标签的分类

用户标签的分类体系可以有很多种，从用户转化的角度来看，可以进行如下分类。其中，使用行为属性、付费行为属性是事实性信息，按照实际的行为结果来判定；投资偏好属性、态度或价值观属性倾向于挖掘用户行为背后的特征，回答用户"为什么"发生此行为的问题。

1. 基础属性

基础属性主要为人口学属性，在一段时间内保持稳定。基础属性包括性别、年龄、所在城市、职业、学历、月收入水平（或年收入水平）、月支出水平、所在行业、工作年限、家庭人数、是否结婚、子女数量、用户使用的手机终端等。关于婚否、生育子女等信息需要根据调研对象进行针对性设置，不是所有调研对象都会涉及。

2. 使用行为属性

使用行为属性是指使用产品本身的场景特征，包括使用频率、使用时长、使用的产品功能等，需要根据具体用户人群进行差异化设置。比如针对一些互联网上的消费信贷产品的用户，可以将使用行为属性分成借款行为属性和还款行为属性，借款行为属性包括借款利息、借款额度、借款流程、借款费用、到款时间等，还款行为属性包括还款方式、是否分期、分期手续费、分期额度等。

3. 付费行为属性

付费行为是平台实现变现的重要方式，是大多数平台的重要行为特征。但是不同平台的付费产品不同，有会员服务或者增值业务等形式。针对线上交易类产品，付费行为和使用行为往往保持一致，而针对内容类产品或有内容类产品功能的产品，付费行为和使用行为不一致，需要单独考虑。

付费行为属性一般包括用户付费的业务、付费的金额、消费的频率、所交易的产品属性。一般付费的业务包括充值会员、购买增值服务等，具体根据需要分析的平台来确定；所交易的产品属性方面，以银行提供的理财产品为例，该属性可以包括购买的理财产品期限、产品风险等级、起购金额门槛等。

4. 活动营销属性

活动营销属性是用户参与产品活动的相关事实行为，比如参与过的主要活动有哪些，从而了解用户是否对活动敏感，以及对什么样的活动类型敏感。

5. 态度或价值观属性

态度或价值观属性是了解用户的主观判断，需要运营人员对获取标签的过程进行设计。该属性是了解当用户放弃本产品而选择竞争对手产品时背后的原因，一般包括三个层次的标签，即用户使用本产品所满足的需要、本产品相比其他同类产品的优势、本产品相比其他同类产品需要改进的方面等。

6. 衍生模型属性

衍生模型属性基于前五类属性所获得的用户数据进行数学建模，获得关于用户的更深层次判断，比如用户的品牌偏好、交易产品偏好、潜在购买力评估等。

【练一练】

在用户画像知识模块，提到某金融科技平台的用户画像案例。请分析该案例中使用了哪些用户标签。

（三）用户标签对构建用户画像的意义

用户画像是基于用户社会属性、生活习惯和消费行为等信息而抽象出的一个标签化的用户模型。构建用户画像的核心环节是给用户贴标签，而标签是通过对用户行为信息深度分析得出的精练特征标识。

用户画像可识别和可应用的两个特点，均依靠用户标签来实现。可识别是指用户是抽象的单个用户，是独特的，能够区别于其他平台的用户或非核心价值的用户。可应用是指基于独特特点，能够将用户画像的标签通过大数据的方法提取和应用在商业上，即能够在实际商业中识别出这些用户且有针对性地实施营销策略，提升精准营销的效果。

基于用户标签的数据挖掘应用是指构建智能推荐系统,利用关联规则计算,如要研究喜欢红酒的人通常喜欢什么运动品牌,就可以利用聚类算法分析,推测出喜欢红酒的人的年龄段分布情况,依据这些信息推测出这类人对运动品牌的偏好。

基于用户标签的精准营销应用是指分析产品潜在用户,针对特定群体进行营销,例如电商平台推出的"千人千面"营销,对展示页面、服务或产品进行私人定制,即个性化地服务某类群体甚至每一位用户。

四、用户画像构建实施步骤

第一步,基础数据收集,包括对基础数据、日志行为数据、交易行为数据等不同类型进行收集;

第二步,利用文本挖掘、聚类算法、预测算法等方法进行数学建模;

第三步,根据购买能力、行为特征、兴趣爱好等属性构建用户画像。

后两个步骤是基于第一个步骤的应用,因此数据收集环节最为关键。用户画像结论的重要价值是对特定人群的使用场景进行描述,因此需要收集有关用户的产品使用轨迹,如访问设备、访问时间、访问产品客户端页面、访问时长、访问页面、访问频次、用户来源、用户去向等。在对用户产品使用场景进行描述时,既关注用户使用的时间和空间特征,也关注用户使用产品时体现的交互特征。比如,"用户通过搜索导航进入而不是直接打开该App,离开时从站内跳转到其他网页而不是直接关闭",从这一描述中可以获得用户与媒介的交互特征。

基础数据可以通过后台数据挖掘或者问卷调研的方式获得。实际操作中,以后台数据挖掘为主,问卷调研方式为辅。在后期构建画像时,还需要使用访谈调研的方式对人群进行定性描述,以便高度概括它所代表人群的核心特质。

数据获取后,需要对人群进行因子和聚类分析,不同的目的分类依据不同:如对于产品设计来说,按照使用动机或使用行为划分是最为常见的方式;而对于营销类媒体来说,依据消费形态来区分人群是最为直接的分类方式。

在构建画像时会涉及用户标签的定义与赋权。一个群体会有多个标签,不同的群体之间也会有标签的重合,此时标签的权重反映了不同群体的核心特征。如"时尚小咖"和"科技先锋"两类人群中都有女性标签,此时需要比较女性在不同人群中的标签权重,以决定将该标签解读给哪类群体。通常,一个好的用户画像,不同人群之间的标签重合度较小,只有在那些权重较小的标签上会有些许重合。

大部分画像只完成上述三个步骤就结束了,然而用户画像的应用决定了最终效果的落地。对于企业来说可以理解为投放媒介的组合策略,可以按照频率的高低、市场的大小、收益的潜力、竞争优势等进行排列组合。

【练一练】

学习完用户画像的相关知识后,你认为用户画像和真实用户之间的关系是什么?

第五节 用户画像研究综合实训

一、使用思维导图工具构建用户属性体系

（一）建立一级用户属性

根据之前所掌握的关于用户标签分类的知识，可以建立研究对象的用户属性思维导图，将基础属性、使用行为属性、付费行为属性、活动营销属性、态度或价值观属性等作为一级用户属性。

以浦发银行理财频道用户属性思维导图为例，将其用户属性分为基础属性、使用行为属性、会员属性、活动营销属性、态度或价值观属性、理财潜力挖掘（见图4-9）。基础属性、使用行为属性、活动营销属性、态度或价值观属性跟用户标签的分类保持一致；考虑到浦发银行理财频道给用户提供的产品或服务主要是交易类，因此将付费行为属性和使用行为属性合一；而浦发银行理财频道会根据用户会员等级差异提供差异化产品，因此将会员属性纳入思维导图中；理财潜力挖掘属于用户标签分类里的衍生模型属性，目的是挖掘用户的理财潜力，更好地服务于企业的盈利目标。

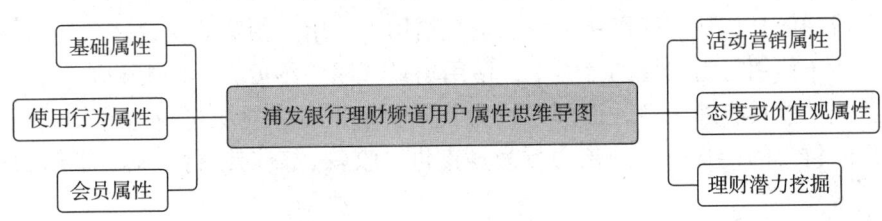

图4-9 一级用户属性思维导图

相对来说，基本属性属于人口学信息，基本固定；使用行为属性、交易行为属性、产品偏好属性是事实性信息，按照实际的行为结果来判定；投资偏好属性甚至态度价值观属性倾向于挖掘用户行为背后的特征，回答用户"为什么"发生此行为的问题。

（二）建立二级用户属性

在每个一级用户属性的基础上，建立二级用户属性。实际操作过程中可以根据实际的研究目标进行调整，核心在于服务研究目的。

下面以浦发银行理财频道用户属性构建为例进行说明。

1. 关于基础属性的二级用户属性设置

基础属性包括年龄、性别、所属城市、个人月收入、职业、学历以及家庭情况（婚否、子女情况）等（见图4-10）。基础属性需要根据研究对象进行差异化设置，选择研究对象相关性高的属性。如果研究对象对人群作出限制，比如以使用某银行理财频道服务的大学生群体为研究对象，基础属性可以调整为性别、年级、所在城市、家庭所在城市、月生活费来源、月生活费水平、月支出水平、是否有兼职以及兼职的报酬等。

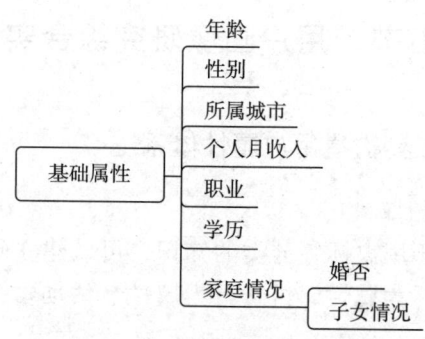

图4-10 基础属性的思维导图

2. 关于使用行为属性的二级用户属性设置

使用行为属性包括使用场景（时空维度）、用户触达、用户理财行为、客户端所呈现的信息或功能等（见图4-11）。其中，使用场景是关于用户在什么时候会使用本产品或服务，一般包括浏览的时间段、使用时的空间状态、浏览习惯（时空方面）等；用户触达是指用户获得理财产品相关信息的渠道；用户理财行为是研究对象的核心行为，包括当前理财账户的资金规模、经常购买的产品特征以及定投行为等；客户端呈现的信息或功能是指从互联网所呈现的信息结构中，用户浏览的关键信息类目等。

上述关于使用行为属性的分类中，使用场景（时空维度）、用户触达、客户端所呈现的信息或功能具有通用性，而理财行为是需要依据研究对象进行差异化调整。比如以银联云闪付为例，其用户的核心行为是支付、收款、查询银行活动、了解银行金融产品。

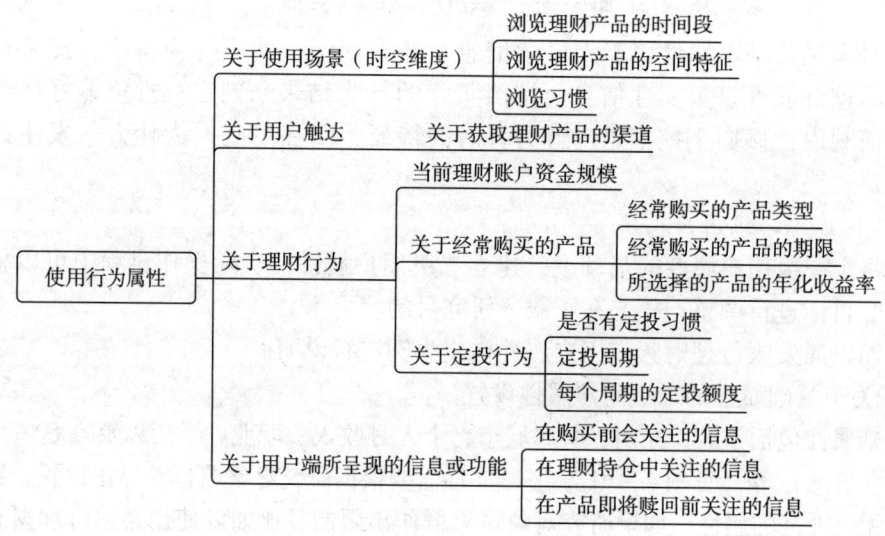

图4-11 使用行为属性的思维导图

3. 关于会员属性的二级用户属性设置

高净值会员对银行具有重要价值，该属性考虑会员等级以及对应的会员活动对用户的吸引效果（见图4-12）。

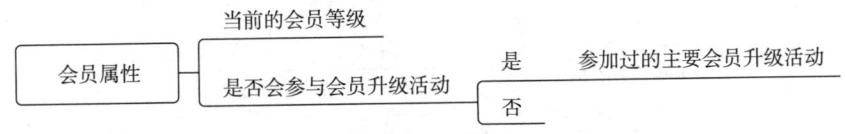

图4-12 会员属性的思维导图

4. 关于活动营销属性的二级用户属性设置

活动营销属性关注哪些功能、内容或场景能够激发用户的参与意愿（见图4-13）。

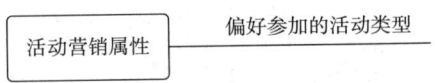

图4-13 活动营销属性思维导图

5. 关于态度或价值观属性的二级用户属性设置

态度或价值观属性是要求运营人员通过用户关键行为关注到用户的内在深层次需要以及行为发生的动机，更好地满足用户尚未表达出来的需求。运营人员提升用户满意度的过程永无止境，随着产品实际体验的改进，用户满意的标准会不断提升（见图4-14）。

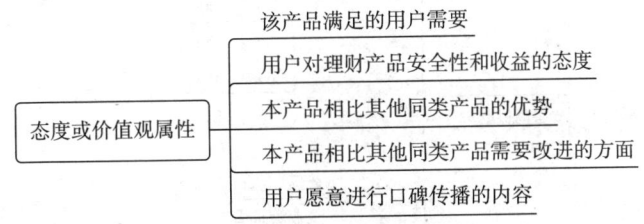

图4-14 态度或价值观属性的思维导图

6. 关于理财潜力挖掘的二级用户属性设置

浦发银行理财频道的主要业务是销售银行理财产品，因此需要结合其他用户属性，使用数学建模的方式综合分析用户的理财潜力（见图4-15）。

如果是针对其他类型的研究对象，该模块所使用的衍生模型需要根据实际业务进行调整。

（三）添加用户标签

为每个二级用户属性添加用户标签，比如年龄属性的值是男/女。最终该具体的值赋予用户时，即成为该用户的一个用户标签（Tag）。以基础属性为例，将思维导图整理为用户标签，如图4-16所示。

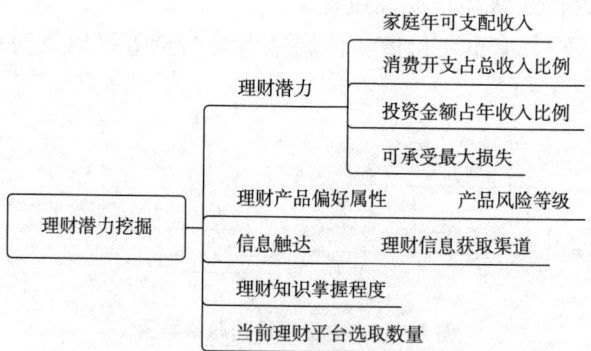

图 4-15 理财潜力挖掘属性的思维导图

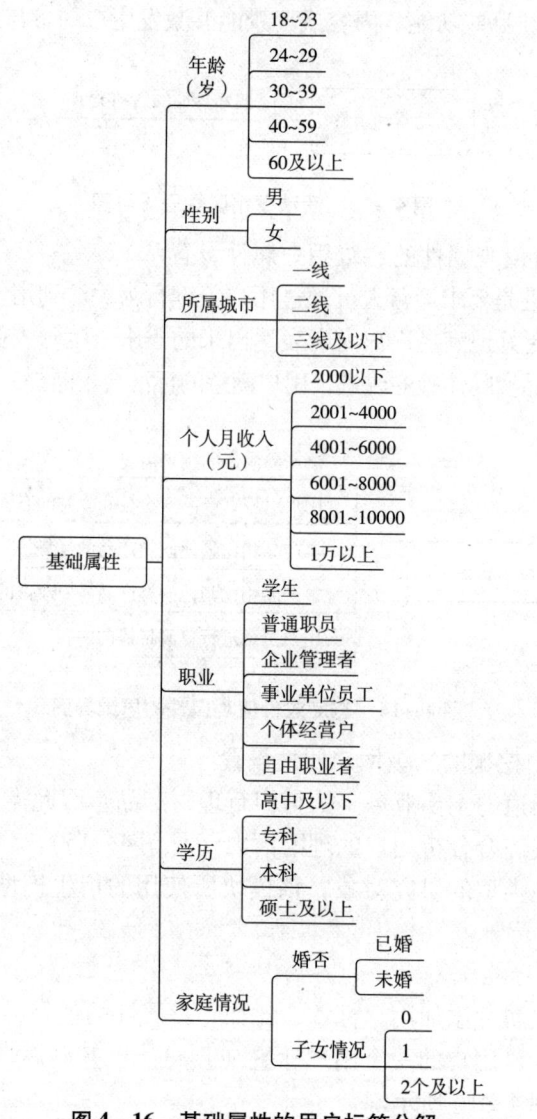

图 4-16 基础属性的用户标签分解

1. 基础属性添加用户标签时的注意事项

年龄需要根据目标产品差异化设置。一般理财用户的年龄要求年满18岁（即具备完全民事行为能力）。

地域分布需要根据分析工具的精细化程度进行设置。如果采用 Excel 处理问卷，可以考虑分类粗一些，比如按照一线城市、二线城市、三线及以下城市进行分类；如果是调研某个省的用户画像，可以按照主要城市来分类。

如果研究对象为某产品的大学生用户画像，可以去掉职业标签，调整年龄标签，补充年级标签，甚至可以去掉年龄标签（因为大学生群体的年龄相对固定，这类人群更多与同一年级的人有相似的行为特征）。

个人月收入水平建议调整为个人月生活费水平。

如果针对某产品的上班族用户画像，个人月收入水平也可以调整为个人年收入水平。

2. 使用行为属性添加用户标签时的注意事项

以浦发银行理财频道用户画像为例。

浏览理财产品的时间段可以分为上班前、午休、下班后、其他；

浏览理财产品时的习惯可以分为每天选择特定时间查看、近期有理财产品到期才会查看、有时间就看、想起来就看、其他；

关于获取理财产品的渠道可以分为官方微信公众号推荐、理财经理或理财顾问推荐、收到银行的短信推荐、自主浏览银行 App 了解、好友告知、其他；

使用行为属性下的其他属性根据研究对象的实际情况进行添加。

3. 会员属性添加用户标签时的注意事项

用户参加过的主要会员升级活动需要根据研究对象的实际活动进行添加。

4. 活动营销属性添加用户标签时的注意事项

活动营销属性是关注用户参与产品活动的相关事实行为，比如参与过的主要活动等。根据研究对象的实际活动进行添加。

5. 态度或价值观属性添加用户标签时的注意事项

以浦发银行理财频道用户画像为例。

该产品满足的用户需要可以分为家庭可支配资金保值增值、提供不同期限产品选择、赎回到账时间快且资金站岗短、产品起息时间相对有规律、其他；

用户对理财产品安全性和收益的态度可以分为安全性兼顾收益率、收益率优先等；

本产品相比其他同类产品的优势可以分为产品容易申购、理财产品安全性较高且风控严格、理财信息告知全面、赎回到账时间快、其他；

本产品相比其他同类产品需要改进的方面可以分为资金赎回后的信息提示、理财申购进度、其他；

用户愿意进行口碑传播的内容可以分为性价比高的理财产品、日常的银行卡优惠活动、安全性高的理财产品、赎回方便的理财产品、其他。

6. 理财投资潜力属性添加用户标签时的注意事项

根据理财行业的投资潜力评估进行对应设置。

【知识延伸】

思维导图

思维导图又叫心智导图、脑图，是一种表达发散性思维的图形式思考辅助工具，用来帮助用户思考和组织想法。

思维导图的理论基础是人类自然的思维方式——发散性思考。无论是文字、数字、颜色等信息，还是内心激动、难受、开心的感受，或者意象、故事等记忆，只要这些信息进入大脑，就可以成为一个想法的源头和中心，并由此引发下一步的联想，关联到更多的信息、记忆、想法或感觉。这些联想到的内容成为下一个思考中心，进而向外发散出更多的节点，循环往复，呈现出放射性立体结构。基于这种人类思考的方式和特点，思维导图运用图形，以一个关键词为中心向外辐射，使用线条连接符号，把所有想法用相互隶属的层级关系表示出来，简单直接有效。因此，思维导图的本质是一张思维的地图，帮助用户明确方向，成为重要的战略分析工具。

思维导图工具一般与头脑风暴结合使用。头脑风暴完成思维发散的步骤，思维导图完成思维收敛的步骤。思维发散是指使用者根据关键词进行不设任何限制的联想，不需要关注联想的内容是否符合逻辑，只需要如实记录所联想的内容即可。而思维收敛是考虑到生活中纯发散性的联想不能直接应用于解决问题，也不利于人与人之间的相互协作沟通，毕竟每个人发散思考的路径不一样。此时，思维导图的价值就充分体现出来，利用思维导图可以对联想的信息进行整理和补充，对信息进行系统性和逻辑性的组织和呈现。比如：增加一定的逻辑线索或划分标准，将同类型的内容进行合并；将内容上下级之间的关系进行调整；补充缺失的信息；删除无意义的联想等。

思维导图工具在互联网产品设计的需求分析和功能规划阶段有非常广泛的应用。基于思维导图工具体现的发散和收敛的思维方式是互联网产品及运营人员的重要思维方式。

用于制作思维导图的专业思维导图软件工具有很多，比如Xmind、Mindmanger、百度脑图等。上述工具的操作方法类似，有兴趣的同学可以自行了解和学习。

二、金融科技行业用户画像问卷调研实施

（一）选定研究对象

某企业的用户画像调研选题是指针对使用某企业（以互联网企业为主）推出的应用、App或产品功能的主要用户人群，使用用户标签归纳和概括其基本特征、使用行为特征、使用服务或功能的动机特征。

用途：（1）提升企业针对核心用户营销的效果，降低成本；（2）帮助企业制定关于用户向客户转化的策略；（3）企业可以使用用户画像的用户标签分类，在后台系统化提取特定用户群，实现定向运营。

【练一练】
以下选题是否属于用户画像研究？判断并说明原因。
选题1：工商银行融易购产品用户画像
选题2：最受大学生欢迎的理财 App 品牌
选题3：大学生关于银行理财产品消费心态画像报告
选题4：招商银行理财产品用户画像调研

（二）确定研究目标

调研目标需要说明通过调研想达到的各项预期结果。以浦发银行理财频道用户画像研究为例，其研究目标包括以下内容：通过全网用户调研，深入了解浦发银行理财频道的用户关于资金管理与资金增值的需求差异，输出不同价值导向的用户群组，结合浦发银行理财产品特征，分别给出各用户群组的运营策略建议。

（三）明确调研对象

调研对象是指符合调研选题设置的目标人群的行为特点的最大范围。比如浦发银行理财频道用户为使用过浦发银行理财频道的所有用户，腾讯手机管家用户画像的调研对象是使用过腾讯手机管家的用户，美团外卖 App 点餐用户的画像是使用过这个工具点餐的用户。

调研对象涉及样本和总体的概念，直接影响调研结果的可信度。总体是指符合调研选题的全部调研对象；样本是指实际调研对象，需要注意所选取对象的典型性和代表性。

符合要求的样本数量越多，越趋近总体的特征。根据中心极限定理，在随机抽样的情况下，一般有效问卷 30 份及以上，可以被认为是大样本，能够代表总体的特征。

【练一练】
1. 调研某个班级的金融科技产品的知识掌握程度。调研的总体为全班同学，共计 49 名学生。其中同学 A 和同学 B 通过了银行从业资格考试和基金从业资格考试。调研样本选择了同学 A 和同学 B。这样的样本是否合理？请说明原因。

2. 以下调研结果可信吗？为什么？
（1）小明在调研时为了图方便，找亲朋好友填写了 30 份问卷。
（2）小王共发放问卷 30 份，回收 30 份。

（四）建立调研目标的用户属性体系思维导图

参考用户画像研究综合实训，完成调研目标的用户属性体系思维导图设计。

（五）问卷初稿设计

1. 选择问卷编辑工具

一般采用在线的方式编辑问卷，方便数据回收。常用在线问卷编辑工具有问卷星、腾讯问卷等。

2. 设计问卷头部内容

设计问卷头部部分时，需要注意问卷标题及填写提示语。在问卷的开头，需要向调查对象解释清楚本次调查的目的、主要内容和保密措施。如果是有奖调查，还需一并写清楚奖励情况。这些内容可以引起调查对象的兴趣和重视，激励对方完成问卷。

问卷标题示例：关于浦发银行理财频道用户画像的研究

填写提示语示例：

您好：

为了深入了解浦发银行理财频道的核心用户特征及建立该产品的用户画像，特开展本次调研。本次问卷仅为调查研究所用，我们将对您所填写的信息保密。

感谢您的支持与合作！

××××调研团队

3. 设计问卷问题

将调研目标的用户属性体系思维导图转化为问卷设计中的问题（见表 4-9、表 4-10 和表 4-11）。

表 4-9　　　　　　　　　　　基础属性问题转化示例

用户属性	提问设计	选项设计
性别	您的性别是：	A. 男　B. 女
年龄	您的年龄是：	A. 18～22 岁　B. 23～29 岁　C. 30～39 岁　D. 40 岁及以上
城市类型	您所在的城市：	A. 一线城市　B. 二线城市　C. 三线城市及以下
职业	您的职业是：	A. 专业人士　B. 服务业人员　C. 自由职业者　D. 工人　E. 公司职员　F. 企业管理者　G. 个体工商户　H. 事业单位/公务员/政府工作人员　I. 学生　J. 其他
收入水平	您的月收入水平符合以下哪种情况？	A. 5000 元及以下　B. 5001～8000 元　C. 8001～10000 元　D. 10001 元及以上

表 4-10　　　　　　　　　　使用行为属性问题转化示例

用户属性	提问设计	选项设计
产品获取渠道	您从以下哪些渠道获取该产品？	根据具体调研对象的情况，将开放式问题转化为封闭式选项
使用时长	您使用该产品多长时间？	
视频频率	您的使用频率一般是怎么样的？	
使用场景	您一般在什么场景下使用该产品？	
常用功能	您通常使用 App 里面的哪些功能？	

表 4-11　　　　　　　　　态度/价值观属性问题转化示例

用户属性	提问设计	选项设计
使用原因	您使用该产品的原因是？	根据具体调研对象的情况，将开放式问题转化为封闭式选项
付费原因	您付费的原因是？	
对平台核心功能的认知	最看重平台提供的哪些特色服务或功能？	
竞品使用情况	您是否正在使用如下产品？	
竞品对比	该产品与竞品相比的优点是？	

4. 增加目标用户筛选逻辑设置

实际上调研时并不是所有用户都是目标用户，需要设置是否有目标用户的目标行为的逻辑提问，使选择"否"的用户结束问卷填写，选择"是"的用户继续填写问卷。

一般需要针对以下三种情况设置逻辑筛选：

（1）确认用户是否有跟目标用户相关的行为习惯，比如用户是否有通过线上渠道购买银行理财产品的习惯。

（2）确认用户是否使用过该产品。例如，一个同学调研招商银行的金融科技产品，发现用户只使用过建设银行的金融科技产品却从未使用过招商银行的金融科技产品，导致该用户填写的大量信息作废。

（3）确认用户是否发生过特定行为，比如使用产品的用户是否有付费行为。

5. 设置开放式提问

在问卷末尾设置关于用户使用动机等内容的开放式提问，方便获得一些前述问卷的封闭式提问中没有获得的信息。考虑到问卷的回收效果，开放式提问不宜过多。

6. 设置问卷结束语

问卷结束语是为了方便填写问卷的用户确认问卷已经填写完毕。

提示语设置示例：您的问卷已经提交，谢谢支持。

（六）问卷设计优化

1. 优化问卷提问的逻辑

模拟用户填写场景，对提交的信息进行逻辑整理。信息的逻辑顺序包括由浅入深，从基本信息到个性化的行为及态度，从使用行为的特征到付费行为的特征等。

总之，问卷问题的设计应遵循认知性问题、事实性问题、态度性问题的顺序。认知性问题包括是否了解某些知识、是否知道某些现象或行为；事实性问题包括存在性事实、行为性事实；态度性问题包括评价性意见、情感性意见、认同性意见等。

2. 对问卷进行自查的原则

原则一：封闭性问题的表达要准确，内容要完整。一般可以按照5W1H原则来检查，即按照Who（谁）、Where（何处）、When（何时）、Why（为什么）、What（是什么）和How（如何）这六个方面来设计。

原则二：避免专业术语。

原则三：封闭性问题必须使用中性语言和陈述句式。问卷里的问题不应包含任何情绪和倾向，不能使用任何具有感情色彩和价值判断的表述，也不能使用否定句、反问句和感叹句等可能引发某种暗示和诱导效应的封闭性问题构造方式。

原则四：封闭式问题留有出口。对于封闭式问题来说，如果所提供的选项无法覆盖到全部可能性，或者题目本身并不是每一个人都能准确回答，则最好提供一个"我不知道"或者"以上都不对"之类的选项。这样，当受访者认为所有选项都不符合他的实际情况，或者拿不准答案时，可以选择放弃这道题。

原则五：问卷总题量一般为20题，填写时间10分钟左右为宜。

【练一练】

以下提问是否恰当？说明原因。

（1）你认为该理财产品收益率太低了吗？

A. 太低　　　B. 适中　　　C. 不够高

（2）你认为该理财产品是否太难理解？

A. 是　　　　B. 否

（七）问卷发放与回收

问卷发放包括线上方式和线下方式。线上方式主要是在线编辑问卷后将生成的二维码或填写链接发给调研对象。线下方式一般是把纸质问卷投递给目标对象。

问卷回收后需要对问卷进行整理和编码，确认问卷是否有效。这里涉及问卷有效率的计算，一般要求问卷有效率在95%以上。

问卷有效率 =（实际回收问卷数量 − 无效回答数量）/实际回收问卷数量

三、金融科技行业用户画像访谈调研实施

（一）访谈调研概述

访谈调研是指由访谈者面对面地询问被访谈者各种与研究假设有关的问题。根据访谈的自由程度，可以分为结构化的访谈和准结构化的访谈。结构化的访谈是指访谈者严格按访谈提纲顺序提出问题，除非访谈事先设计，否则不提出新问题；准结构化的访谈也称为焦点访谈，访谈者通常有一个问题的列表，一般是开放性问题，访谈以交流和追问的方式推进，围绕被访谈者的某项经历及其体验做互动式交流。

两种访谈方式的区别在于，结构化访谈中，访谈人的角色主要是将问卷原封不动地表述，问题需要与问卷上的内容和顺序完全一致，询问所有问题。而准结构化访谈中，问题一般是开放式的，也可以有个别封闭式问题；在访谈提纲中设定基本问题，这些问题都要问到，但是顺序不一定完全按照提纲上的顺序；利用已有访谈中的信息反馈，可以不断对后续访谈进行调整，新的问题是在谈话语境中自然提出的；通过准结构化访谈能够询问出其他渠道无法取得的信息，往往提问最重要和不重复的信息。

（二）影响访谈效果的因素

因素1：访谈人自身影响

- 访谈人的年纪、性别、信仰；
- 访谈人的衣着、仪态、气质、气味；
- 见面、相互介绍和落座的过程及空间布局；
- 访谈人的发音、吐字；
- 访谈人获取和记录信息的能力；
- 访谈人的情绪和对提问过程的控制。

因素2：访谈对象对访谈提问的理解
- 避免强迫被访谈者理解深奥的问题；
- 避免表意模棱两可，避免诱导性问题；
- 问题本身不能有明显的价值判断；
- 避免不近人情的问题和隐私方面的问题；
- 避免一个提问里面包含两个或多个问题。

因素3：访谈时间的把控
- 通常访谈的时间在1~2个小时；时间一般在上午或下午工作时间的某个时段。

因素4：访谈地点选取
- 最好是一个能够从容不迫交谈的场所和封闭的空间，如对方的办公室或邻近的会议室。

（三）访谈过程实施

第一步：见面后进行必要的自我介绍。

第二步：一些拉近心理距离的寒暄和聊天。

第三步：表达调研的科学研究性质和信息保密的原则。

第四步：对于已有调研情况的一些提及或介绍，比如一些深度信息、内部信息，要注意不要因此与保密原则冲突。

第五步：尽量按照提纲的顺序进行访谈。一般可以采取比较符合逻辑地从浅到深、从外围到核心、从一般性问题到敏感问题的顺序；有必须问的问题，但是没有被调研人必须回答的问题。

（四）访谈提纲案例

以针对某金融科技平台用户画像研究的访谈提纲为案例。

1. 了解用户基本情况（5~10分钟）

访谈目的：对用户基本信息有一个了解，通过沟通互动建立访谈的信任基础。

访谈内容：包括但不限于目标人群的基本背景信息、教育程度、职业等情况。

示例：来访者如何形容自己？来访者的朋友一般怎么形容他？是否能举1~2个例子说明。

2. 了解价值观和兴趣爱好（10分钟）

访谈目的：了解用户的核心价值观和生活兴趣爱好，生活的追求和理想等，进一步了解用户内心诉求和情感世界。

访谈内容：包括用户生活的朋友圈、价值观及情感态度等。

兴趣爱好方面提问示例：
- 你平时都喜欢做些什么？和谁一起？
- 一天最开心的事/时候是什么？
- 周末一般都会做些什么？
- 喜欢谁的音乐？
- 喜欢什么样的活动？

- 喜欢什么样的网站/App？
- 喜欢旅游吗？跟谁去？怎么去？
- 接触到一些新鲜的事物/刚推出的新产品，你一般会怎么做？

价值观方面提问示例：
- 在生活中，你最看重什么？最想追求的是什么？
- 你希望成为一个什么样的人？对未来生活的期待是什么？
- 家人眼中的你是什么样的？朋友眼中的你是什么样的？同事眼中的你是什么样的？
- 如何看待钱？

3. 了解生活/工作状态、投资理财的行为和动机（40分钟）

访谈目的：了解用户正常工作情况、生活状态以及投资理财的行为和动机。

访谈内容：用户一天的工作和生活轨迹，理财的动机和态度。

了解生活/工作状态方面提问示例：
- 你一天的轨迹是什么样的（让用户根据一天的时间表，说明一天的生活/工作轨迹，一些特别的时间点或者事情需要特别关注）？
- 你目前感情处于什么阶段（单身、恋爱、已婚未育、已婚已育）？
- 你目前生活处于什么阶段（买房还房贷、买房买车等）？
- 你目前一天的工作情况如何（每天的工作时长、工作强度、工作心态、工作的职业规划和预期）？

理财行为和动机挖掘提问示例：
- 你从什么时候开始理财？为什么？通过什么方式（朋友介绍、自主了解、营销员介绍等）理财？
- 你目前理财、投资的方式有哪些（股票、基金、理财产品）？资金如何分配管理？哪个是最主要的方式？
- 你现在保持着投资理财是因为什么（工作收入的压力、房贷压力、车贷压力等）？
- 你如何看待理财这件事？你觉得有风险吗？这样的风险你如何看待？（了解用户对理财的态度、对风险的认知、承受风险的意愿）
- 你现在理财选择了哪些理财平台？怎么看待这么平台？（用户选择理财品牌的标准和看法）
- 哪个是你最喜欢和最经常去的理财平台？为什么？
- 你平时怎么购买理财产品？在什么时间点购买？（网页端或者App端，了解用户是否因为工作特点决定购买方式）
- 你都购买了哪些理财产品？为什么购买这些理财产品？（选购理财产品的标准和原因）
- 你购买理财产品的时候，一般都关注哪些因素？哪些会特别影响你决定购买与否？

- 你现在投资理财有没有遇到什么困惑或者难处？
- 你是通过什么方式了解到本产品的？（网上、朋友、其他媒体等）
- 你觉得本产品怎么样？有哪些意见和建议？

【课后思考】

1. 简要分析传统市场用户细分和精细化运营背景下用户细分的相同点和不同点。
2. 分析用户生命周期曲线的内容及用途。
3. 分析 RFM 模型的内涵及分类方法。
4. 简述用户画像的定义并举例说明。
5. 简述用户标签的概念及常用分类。

第五章

金融科技活动运营

【学习目标】

□ 知识目标
1. 了解活动构成要素、活动运营的概念。
2. 了解用户参与活动的常见心理效应。
3. 了解活动策划的流程及步骤。

□ 能力目标
1. 能够完成拉新活动的策划及文案写作。
2. 能够完成邀请活动的策划及文案写作。
3. 能够完成低成本场景的活动策划及文案写作。

□ 素质目标
培养学生在活动策划及实施过程中建立绩效与成本管理意识。

第一节　活动概述

一、活动与促销

当产品被创造出来时，有关产品的内容信息就被生产出来了，但这并不能保证用户自然而然地了解并去使用产品，这时候需要适时借助一些活动推动用户加速认知和了解产品。

（一）活动与价格

如今企业面对的是残酷并且瞬息万变的价格环境。从狭义上来讲，价格是指购买一件产品或一项服务所支付的费用。广义上，价格是消费者为了从消费一件产品或一项服务中获益而放弃的价值的总和。价格一直是影响消费者选择的主要因素，也是决定企业市场份额和收益的最重要的因素之一。

企业设置任何一个价格都会引发不同的需求。通常情况下，需求和价格是负相关关系，即价格越高，需求越低；价格越低，需求越高。对于营销来说，降价通常不是最好的解决办法,没有必要的降价会导致公司利润流失以及具有破坏性的价格战。较低的价格可以让产品变得实惠,有助于刺激短期销售。然而,降价会产生长远的影响。比如,低价意味着更低的边际收益,过多的折扣可能会让消费者觉得产品过于廉价。与降低价格相比,有些企业则保持原有价格,而在产品的价值定位中对价值进行重新界定。

活动对于价格的影响在于,通过活动可以以短期促销的方式影响消费者实际支付的价格。在互联网以促销活动为主体的背景下,用户形成了对活动的心理预期——产品促销,产品降价或补贴。

(二) 主要促销工具

传统市场营销理论中涉及的促销工具主要包括消费者促销、贸易促销和业务促销。互联网产品的运营主要涉及的促销工具是消费者促销。针对消费者的促销包括样品、优惠券、现金返还、降价、赠品、广告礼品、竞赛、抽奖及游戏等。

样品是产品的试用品。在传统线下销售为主体的营销中,赠送样品是有效但昂贵的介绍新产品的方法。因为其不仅涉及赠送几乎免费的新产品,还包括邮寄等额外成本。但是对于以客户端提供的在线服务来说,样品的成本极低,只需要给新用户提供短期的产品体验福利即可,样品成为一个有效的促销工具。

优惠券是一种凭证。当消费者购买特定商品时,可以享受一定的优惠。互联网时代的优惠券是数字化的优惠券,该工具可以锁定到具体的单个使用者且可以个性化定制。

现金返还与优惠券类似,不同的是在购买后再退款,而不是直接在支付环节减价。

降价(象征性促销)使消费者以低于常规的价格购买产品。特价品可以是单独包装、买一赠一,或者将两款产品捆绑销售(比如牙膏和牙刷)。在短期促销方面,特价品甚至比优惠券更有效。

赠品是指将价格相对较低或免费的商品作为购买特定商品的奖励。

广告礼品是指将印有广告商的名字、标签等其他信息的物品作为礼物送给消费者,包括玩偶、水杯、日历、鼠标垫等。这些广告礼品大部分时候与企业的品牌传播周边产品关联在一起。

竞赛、抽奖和游戏为消费者提供了赢得一些奖项的机会,如多种面额的优惠券、广告礼品等,这种机会可能凭运气或需要付出额外的努力。抽奖活动成为互联网企业刺激用户消耗积分的重要工具。

【案例】

移动互联网发展早期曾出现一款名叫"今夜特价酒店"的 App。该 App 的商业模式非常清晰——与酒店签订协议,将每晚 6 点后的尾房特价销售;其核心在于"今夜",消费者根据距离、星级、价格、酒店风格等因素作出选择,实时搜索并预订,实际支付的价格相当于白天网络预订价格的 50%。消费者通过该 App 可以实现以低廉的价格享受品质酒店的服务。

（三）活动效果与消费者行为刺激

活动发挥作用的方式是利用情景刺激—反应理论，即行为心理学相关理论。用户对活动最直观的感受是，我需要做 XX 或者我做了 XX，就能得到 YY。比如，以针对注册用户转化的活动规则为例，其规则为"在规定时间内完成定期产品投资（单笔交易金额满 1000 元），可获得 20 元现金红包奖励"。

运营活动以运营规则为载体。对运营人员来说，活动运营即"确认目标 + 制定规则 + 反馈 & 调整"。通过数据得到用户对规则的反应，借此不断调整任务难度与对应的奖励内容，以求达到性价比最高的效果。

小米手机最初切入手机市场是依靠对安卓系统进行优化推出的 MIUI。早期对 MIUI 进行推广的方式是给刷机的商家以利益激励。具体方案是每刷机 1 台，小米给予对方一定金额的补贴。当时小米全年在该活动上投入了 100 多万元。

在网络视频领域，观众习惯了看免费的、电视台播放的电视剧，但是现在很多网剧是视频网站的自有 IP，或由视频网站自制、买断版权独播，网站通过自主掌握节奏，实现新的盈利模式。比如，有些电视剧如果用户不付费则无法看到其中任何一集，有些网络视频网站采用逐集播出的方式实现用户付费。具体是，第一周先播出两集，这两集所有用户都可以看，然后再播出两集需要收费，这两集要到下周才免费；当下周这两集免费时，再播出付费的两集。在这种情况下，只要网剧内容本身很好，观众无法抵抗住诱惑，付费的意愿就会强烈很多。

【案例】

浙江省内有一家采用日清模式的社区生鲜门店，其打折活动非常有特色。从晚上 7 点开始打折，每隔半小时就降价 10%（19 点是 9 折，19 点 30 分是 8 折，20 点是 7 折，20 点 30 分是 6 折，21 点是 5 折），直到所有肉菜清零，如有剩余就免费送出。不少顾客为了获得更大力度的折扣，会提前挑选好心仪的商品"等待时机成熟"。

二、用户参与活动的常见心理效应

（一）对比效应

对比效应是指当人们面对两样有差异的东西的时候，如果通过同时对比去呈现，人们感受到的差异要比分别呈现它们时实际的差异更明显。例如，先搬运一件较轻的东西，再搬运一件较重的东西，我们会觉得重的东西比实际更沉。如果一开始搬运重的东西，反倒觉得没有那么沉了。当把一头大象跟蚂蚁放在一起对比的时候，蚂蚁就显得比单独看它时更小了，几乎可以忽略不计，这就是普遍存在于人们心理中的对比效应。

因此一些比较有经验的销售，会给顾客先推荐价格较高的东西，再介绍价格较低的东西；或者先介绍价格低但是品质较差的商品，再推荐品质较好的商品，用户相对能接受高品质对应的较高价格。通过对比，让用户感觉后续推荐的商品具有更高的性价比。

(二)从众效应

人在做决定时,经常去参考和自己相似的人是怎么做的,而且也希望我们做的决定符合周围的人的评价,总是不愿意表现得过分特立独行。

曾经有一个实验充分体现了从众效应。在街头一个人流密集的广场,一个人选择某一个地点,然后抬头仰望,随便向上空的一个方向持续地观望。这时候,观察身边行人的反应,基本没有人会注意到你。但是,如果三五个人一起做同样的动作,就会发现身边越来越多的行人停下脚步一起往上空观望。大家总是要模仿并跟随大多数人在做的事情,这就是从众效应的体现。

当自己的作品、成果或产品让大多数用户都能表示认同并接受时,从众效应自然而然就显现出来了。

【案例】

聚划算开团时间设计小心思

团购是社交化的电商模式。聚划算创始人阎利珉在执掌旺旺产品时,发现沟通工具或者说社交功能的好与坏,能够影响到电商生意,他判断社交和电商会有交集。当时所有的电商曲线都显示,晚上是网购的高峰期,是用户休闲购物集中的时间段。但是,阎利珉认为团购业务是群体性质的行为,开团时间一定要安排在人群聚集的时间。当时以白领为购物主力,每天第一个聚集的时间是上班时间,这时候,大家都到齐了,只要有人发现好的商品,面对面传播信息的效率反而是最快的,因此,聚划算把开团时间定在了上午10点。为了强化"上午10点开团"的观念,阎利珉甚至定做了一款聚划算专用鼠标,它会在每天上午9点58分发出"聚划算开团啦"的声音提醒。

(三)权威效应

在现实生活中,我们总是表现出对某一领域的权威更为信赖的倾向。同一件事,如果由一个有影响力的人和一个普通的人分别讲述,你会更加相信有影响力的人所说的事情的真实性。

(四)稀缺效应

俗话说"物以稀为贵",当某一样东西稀缺的时候,就显得格外珍贵。当某种东西变得稀缺的时候,往往会引起人们想得到它的热情,哪怕过去直至现在自己对这件东西一点需求也没有。"名额有限""最后几件""卖完为止"的广告词,就是典型的制造稀缺感的案例,以激发人们购买的冲动。

(五)关联效应

在现实生活中,人们总是不由自主地表现出对事物进行关联并想象,即把看到的事物泛化成符号,并基于符号进行意义的想象和生成。

关联效应对于运营的价值在于,营销人员在与用户打交道过程中,需要注重第一印象，良好的第一印象会给后续的工作带来关联效益。在移动互联时代，人人都是信息制造者，好的信息或不好的信息会被互联网媒介无限放大并迅速传播。

【案例】

盲盒文化

盲盒是一种销售策略，但不是商业模式。它最早用于玩具销售上，使得一个按钮玩具的销量翻了 10 倍。盲盒的独特性在于产品与用户的互动特质。盲盒意味着商品的不确定性，用户会进行多次重复购买。这种具有收集性质的行为，具有竞赛机制；同时隐藏款的设置则会激发客户的购买欲望，这是一种刺激消费者收藏欲望的机制。

一些企业每年会根据 IP 热度，为各 IP 推出 1~7 个盲盒系列，每个系列含多款不同设计，包括一款隐藏款（抽中概率较低）。特别说明的是，这些企业选择潮流玩具的标准是要求既具备工业化、可批量生产的属性，又具备文化特质且符合快消品的特质，即该商品需要融合艺术品和快消品属性。盲盒机制不但带来极大的娱乐性，而且给企业带来了较高的复购率。

第二节　活动运营概述

ISO 9241—210 标准将用户体验定义为用户在使用一个产品或者系统之前、使用期间和使用之后的全部感受，包括情感、信仰、喜好、认知印象、生理和心理反应、行为和成就等各个方面。没有用户的参与，体验无法发生。用户希望得到正面的、具有正向价值的体验。因此，互联网时代所倡导的用户体验的思维逻辑是让用户的价值最大化，降低用户痛苦，让用户快乐和幸福。

用户在关注、使用产品及付费过程中会经历一系列复杂、微妙的心理活动，这些心理活动对用户决定是否付出金钱、时间或情感的决策具有重要影响，对于运营人员来说，从策划开始的全流程运营都需要致力于让用户享受到正向的积极价值体验。

活动运营是活动策划、活动实施、活动执行与分析评估活动效果等步骤的全部过程。活动运营的作用和价值主要包括三个方面：一是吸引用户关注产品或者产品信息；二是引导并强化用户对产品的认知；三是拉动用户对产品的参与。

一、活动传播媒介

（一）活动依靠符号进行传播

麦克卢汉在《理解媒介：论人的延伸》[①] 一书中定义媒介为信息，媒介是人的延伸。任何媒介的"内容"都是另一种媒介。如媒介电报的内容是印刷，媒介印刷的内

---

① 麦克卢汉. 理解媒介：论人的延伸［M］. 何道宽，译. 南京：译林出版社，2019.

容是文字，媒介文字的内容是言语，言语的内容是什么？是实际的思维过程。

用户通过活动页面的文字信息，即活动文案，来了解活动内容、参与方式、参与时间等。好的文案即好的内容，能够实现与用户的双向沟通，既让用户得到他需要的内容，也使用户了解企业定向传播的内容并愿意分享，实现用户自传播的效果。口碑营销本质就是人际传播的过程。

（二）活动主题与情感唤起

每一场活动必须找到合适的主题，也就是做活动的理由，才能调动参与者的积极性，促使他们快速行动和下决策。具有仪式感的时令节日恰好能够给用户一个放松或消费的理由，每一次时令节日都是运营人员与用户互动的理由。

一般可以从节日、会员日、细分人群、特殊庆祝等角度挖掘活动主题。而会员日不局限于每年，可以分成每周会员日、每月会员日、每季会员日、每年会员日等；细分人群是指针对教师特惠、女性特惠、情侣特惠等，让目标用户通过主题能够明确感知活动与自己的相关性；特殊庆祝是指周年庆等里程碑日子，往往成为运营策划活动的重要时间点。

二、完整活动传播文案的构成要素

（一）活动标题及活动背景

活动标题融合了活动主题，既是活动海报上的关键文字符号，也是用户获取活动内容的重要信息。活动背景模块不是必需项，其存在价值在于对活动标题所传递的信息进行补充说明。

活动标题一般使用短语形式表达，标题长度一般不超过 15 个字。标题风格需要与活动风格一致，如果活动为完成指定行为获得奖励，那么最好在标题中体现出该行为和奖励内容。

活动背景部分的描述需要简洁明了，一般使用 1~2 句话简要说明。

活动标题示例：
- 618 限时支付惊喜，最高立减 18.8 元
- 初夏好礼来袭，最高立减 30 元
- 三方存管开户，领取新人大礼包
- 浪漫 520，三重支付惊喜，红包最高 18 元
- 夏日出游，M6-M9 会员限量领 128~268 元酒店券
- 信用卡手机支付单笔满 18 元，享至高 6180 元返现券

（二）活动时间

活动时间与活动规则息息相关，是用户目标行为是否符合奖励条件的重要约束性条件。不同的时间区间会上线不同的活动，给予用户不同的活动刺激；同时也给予活动主办方更多的时间去调整和优化活动。

活动时间要素说明活动有效的时间区间。活动时间的设置可以按照自然月设置，也可以与特定的时令节日保持一致，总之时间区间的设置与用户的预期应基本保持一致。

（三）活动对象

活动对象指可参与活动的目标用户。有些活动的范围可以是所有用户，有些活动的用户范围需要有具体行为属性。比如针对拉新活动，那么活动对象是从未注册过平台账号且没有过销户行为的用户；而针对老用户的邀请行为，适合的活动对象是已经注册过平台的用户。根据运营目标需要，可以增加是否有交易行为的用户特征。

（四）活动规则

活动规则是指活动期间内，用户完成何种行为后可以获得何种奖励，以及如何兑奖。该环节让用户对活动产生强烈的参与感。活动规则是活动趣味性的重要组成。

活动规则至少需要包括三个部分：第一，定义用户参与活动的特定行为，比如特定平台、特定行为路径、特定延伸行为以及活动对象参与次数约束等；第二，确定用户发生目标行为的奖励，奖励可以是奖品、抽奖机会等；第三，确定兑奖规则，比如兑奖路径、兑奖时间等。

（五）活动形式或玩法

活动形式与活动奖励的获得相关，可以分成确定性形式或概率形式，前者指只要用户完成目标行为，即可100%获得奖励；后者是用户完成目标行为，100%获得抽奖机会，根据抽奖结果决定获得的奖励。当活动将概率形式和确定性形式相结合的时候，会增加活动的趣味性。

常见的概率事件玩法包括砸金蛋、大转盘、刮刮卡、九宫格抽奖等。

（六）活动说明

当活动规则文字内容比较多的情况下，可以根据实际需要将活动规则拆分为活动玩法（用户如何参与）和活动说明（关于活动参与的附属说明）两个部分。

活动玩法部分可以借助图文或游戏等互动方式来呈现，帮助用户更快理解活动的参与方式。

活动说明又称活动详情，是将图文无法全面展示的文字内容整合在一起。核心需要说明用户如何参与活动、活动的形式以及获得的利益，甚至包括用户的利益获得方式等。活动说明是从活动主办方角度出发，兼顾用户参与度、活动成本和活动效果等多项内容的文本。

三、常见的运营活动形式

（一）补贴活动

补贴是互联网新产品在推广期普遍采用的一种活动形式，主要通过补贴的形式降低用户使用产品的门槛，有时甚至会给予用户直接的现金回报，从而激励用户广泛而深入地体验和使用产品。

像早期的网络出行平台、共享单车、外卖平台等产品，都是通过大范围的补贴迅速聚集大量用户。比如针对注册新用户的补贴形式是注册领红包，红包可以在订单支付时直接进行抵扣。

补贴可以借助代金券、现金返还等数字化优惠券的形式发放，通过定向选定目标人群、设置券的使用门槛等方式，精细化控制活动成本。

（二）参与有奖活动

参与有奖活动对用户的激励原理来自行为心理学，即人们作出某种行为或不作出某种行为，只取决于一个影响因素，即行为的结果。显然，参与有奖活动中奖励就是影响用户作出某种行为的因素，也是促成用户完成某个行为的强化因素。当然，不同属性的对象采用的奖励因素不一样。用户的年龄、性别、职业、学历、经历等不同，内在的需要也不一样，奖励强化方式也应该有所不同。例如，有的用户适合奖励现金返还，有的用户适合奖励会员特权。Wi-Fi 万能钥匙在上线初期做过一些活动，比如免费分享 Wi-Fi 可以得 iPad 等抽奖机会，激励用户去分享。

参与有奖的实际可操作的活动有以下两种形式。

活动形式1：活动期间，用户完成指定任务，获得抽奖次数，然后进入活动页面抽奖，有机会获得奖品。

抽奖活动的表现形式可以是大转盘、九宫格、砸金蛋、刮刮乐、翻翻乐等。可以根据自身产品宣传的需要，将产品相关信息设置在抽奖奖品中，在增加趣味性和新鲜感的同时，将产品信息植入用户认知中。这种抽奖形式是回馈用户的常见手段，通常除了大奖外，还可以设置丰富的小奖，以保证更多用户可以参与或者中奖，加强用户与平台之间的关联。

活动形式2：晒照片或晒经历抽奖活动，即用户提交符合活动规则的内容的照片或文字故事，后台按照规则进行抽奖。

该活动形式可以让用户提交不同主题的照片，或者具有指定特征的照片，比如收到的最哭笑不得的礼物的照片等，用户提交完成后平台按照活动规则抽选中奖用户。这种方式能够极大激发用户的参与感，以及用户与用户之间的好奇心，提升产品的热度和关注度。

在设置获奖规则方面，不要设定太高的门槛，这会直接导致用户丧失参与活动的积极性。基于此，除了必要的几个大奖之外，还可以适当设定一些参与奖，以弥补用户得不到大奖而造成的内心失落情绪。

（三）社交话题性活动

社交话题性活动主要是借助一些热点事件引发一个热门话题，从而扩大产品品牌信息的传播。这类活动适合在一些社交平台开展，通常利用人们的社交属性，通过社交关系链进行某个话题的讨论和传播。社交话题性活动除了可以影响用户的购买行为，在增加品牌流量、扩大品牌认知度方面也能起到不小的作用。

社交话题性活动的前提是有一个具有传播性的社交话题，可以采用幽默形式、滑稽形式、争议形式、社会热点形式等，引发更多用户的关注甚至生产一些讨论内容，带动相关产品和服务的关注度。话题的产生途径多种多样，既可以来自时令节假日、一些名人热点或者一些新鲜事等，也可以自己创造话题。

一个话题的抛出，即使得到很多关注，经过一段时间的发酵，用户仍然会将注意力转移到新话题上，老话题从而淡出公众的视线。因此一个具有引爆点的话题的后续话题也需要同步考虑，话题的生命力在于新话题对老话题的延续。

（四）投票/评比/帮砍价/组团活动

投票活动的形式一般是比赛制。通过设立大奖，吸引用户报名，然后在社交平台拉票，根据最终票数或者报名内容等决定中奖者。

这类活动通常涉及利益驱使、有朋友的帮帮忙的人情关系因素等，使发起人会不遗余力地推广。

四、活动运营的工作流程

一个活动最终效果是否可以达到或者超出预期的效果，很大程度上取决于活动策划阶段。常见的运营活动策划都要经历活动目标确定与分解、活动方案设计、活动开发准备、活动预热、活动实施及活动总结分析等主要阶段。

（一）明确活动目的及量化指标

运营策划活动的主要目的是能够有效提升产品用户数据和产品业务数据，往往一场活动能够同时影响多个指标。如果可能，可以进一步将目标分解，量化到具有可操作性的指标体系。

1. 产品用户数据
- 产品总用户数；
- 产品活跃用户数；
- 产品留存率（比如次日留存、近7日留存、近30日留存）；
- 用户的平均在线时长。

2. 产品业务数据
- 总付费用户数/新增付费用户数；
- 客单价（单用户平均消费金额）；
- 交易额/成本/利润。

目标分解即将总目标进行纵向、横向或时序、数量上的分解，形成递进式的目标体系，促进活动的过程性管理。例如，某个产品希望上线提升新用户数规模的活动，可以将目标进一步分解成日活跃用户量到10万、月留存率提升到90%的子目标。

（二）确定实现目标的活动方式

运营人员需要思考刺激用户参与活动的激励手段，尤其是在活动预算有限的情况下如何尽可能让更多用户参与进来，以达到运营目的。常用的活动形式有当用户完成某个特定行为后可以获得抽奖机会，在某一个时间点登录购买商品享受折扣优惠。

每一个活动都是一个参与的过程，是用户认知、参与、分享的过程；而要让用户参与每个环节，需要满足用户的某些心理特征，至少包括以下因素：对用户来说活动有趣、活动参与门槛低、活动有利可图、活动可以获得及时反馈。

1. 活动足够有趣

足够有趣的活动，才能吸引用户广泛参与，这是基于人类对新事物的本能好奇特征。即使不是游戏,也可以让活动游戏化、娱乐化,让用户感受到活动的趣味性。例如,一些平台在春节期间推出的"集福"活动,用户只需要用通过 App 扫一扫任意的"福"字,就有机会集到不同的类型的"福",集齐"五福"之后有机会领取现金红包。活动趣味性高,一时间很多人都会拿起手机到处扫"福"字。

2. 降低用户参与活动的门槛

基于之前所学习的 AARRR 漏斗模型的原理,从用户获得活动信息到用户参与活动再到活动效果传播,每个步骤都会存在用户的衰减。因此,在策划活动时,尽可能确保更多用户能够参与活动,这就需要设置足够低的参与门槛。

首先,活动操作的步骤要少,而且步骤清晰简单,不要让用户在非活动流程的页面里多次跳转。尤其是手机端页面,由于不支持多窗口层叠展示,多个页面的跳转容易让用户迷失在使用路径里,从而离开活动页面。

其次,活动的规则需要容易理解。用户看到活动规则后,能够清晰知道"完成什么行为,可以获得什么奖励"。完整的活动规则往往涉及活动时间、操作方式、奖励发放、奖励使用、免责条款等内容。一般在活动页面的文案中,可以将活动规则单独作为一个模块,将辅助说明活动规则的描述性文本设置成活动说明或活动注意事项;将活动规则模块放置在页面上方的显著位置,将活动说明模块放在页面底部或者设置为可缩放的文本形式,降低用户对大量文字理解的畏难心理。

3. 突出活动利益点

用户参加活动,都期望会有相应的物质或精神利益,毕竟用户投入了自己的时间和精力。用户参与活动的利益点包括占有物质利益或者获得愉悦的情绪、提升自我的精神追求。在活动页面设计时,需要将用户可以获得的活动利益放在显著位置。

对于线上页面活动,活动利益点往往以代金券、现金券、加息券等形式体现,需要做好物料的准备。利益激励是最简单有效的激励方式。实际操作中,组合使用不同的运营工具形式(不同种类、不同门槛),刺激用户在整个生命周期内循序渐进地成长。

常用运营工具如表 5-1 所示。

表 5-1 常用运营工具

运营工具	特征	举例	备注
满减类优惠券	体现为红包、代金券	领取满 200 元减 10 元代金券	可以设置使用时间、适用产品分类、额度等使用条件
折扣类优惠券	体现为具体折扣的券	领取全场 7 折券	
优惠码	本身是易于传播的优惠券的领取方式,输入优惠码可以获得优惠券		
加息券	针对理财产品加息的券	30 天加息 1%	
体验金	具备完整产品的体验流程,但是使用门槛极低,实际理财金到期后转换成现金奖励	10000 元理财金、0.1 元领取 7 天会员	
现金红包	现金红包	送 10 元现金	一般无使用门槛

4. 及时反馈

这个方面是指活动内容需要及时反馈用户参与活动的进度以及周围其他用户参与活动的状况。例如，以进度条的形式体现邀请好友的进度等。其目的是告知用户操作的成果，让用户获得成就感并转化为精神激励。

此外，很多活动页面也会在头部展示"已有×××个用户参与活动"，并且不断刷新参与的人数。这是利用用户的从众心理，在活动页面营造人气爆棚的氛围。

（三）撰写活动策划案

撰写活动策划案是梳理完整活动思路的过程，包含活动背景、主题、目标、产品、时间、预算、推广计划、需要配合的部门（技术/产品/设计）等基本信息。

（四）产品需求文档与页面原型设计及开发

一般情况下，活动需要准备的物料包括线上资源和线下资源两类。有的物料需要运营人员协调其他职能部门去完成，比如需要设计部门去设计宣传页面，需要采购部门去采购活动奖品，需要协调运营人员去设置代金券、现金券等虚拟奖励，需要协调客服部门进行活动答疑；甚至有一些活动还需要协调外部的合作方，比如遇到直播活动，需要协调直播场地布置等。

为了提升沟通效率，运营人员最好使用产品人员和技术人员的工作工具与之沟通，比如产品需求文档MRD。把绘制活动页面的线框图当作产品原型图一样对待，绘制时需要具体到活动页面中的每一个细节，比如吸引用户点击的按钮的文字及配色等。

可以在活动需求评审前将MRD文档和活动页面原型图发给相关的产品经理及技术开发人员。为了监控用户在关键访问路径的行为，注意使用前端埋点的方式做好技术处理，做到数据不遗漏，方便后续评估活动页面的数据对达成运营目标的具体影响。

【练一练】

选择一款在线产品原型设计工具，自主学习并完成一些App页面的设计。

（五）活动推广及物料准备

在活动上线时间确定后，需要使用时间倒排的方式计算活动推广的各项准备工作的进度。活动推广分为站内推广和站外推广。

其中，站内推广一般分为自有渠道和外部渠道，自有渠道包括网页端、App端、小程序端、Wap端的各种资源位、消息推送、系统通知等；站内需要至少提前1周申请资源位，尽可能获得曝光量比较大的位置。

站外推广一般是与渠道投放的团队合作，通过资源互换或付费购买的方式获取资源位。比如在豆瓣小组投放2周的报价是5000元左右，通过微博大号发布软文的报价是2万元左右，通过微博大号转发4次的报价是1万元左右。

确认站内和站外的推广资源后，需要提前为这些资源定制推广物料，并提前做好投放时间进程表，确保在正确的时间、正确的资源位置显示正确的推广页面。活动准备环节的工作，主要特点是细、碎、杂，需要运营人员足够细心和耐心，而且具备沟通和协调能力,从而保证活动方案能够得到严格执行,才能达到预期的活动效果。

(六) 活动预热

所谓活动预热,就是在活动正式推出前做一些铺垫性质的宣传,逐渐开始吸引用户的注意,这关系到活动是否能够按照预期达到爆点,以及爆点有多高。预热最简单的方式是告知用户,即说明什么时间上线什么活动。

以滴滴出行品牌升级活动为例。首先,滴滴在各渠道发布"滴滴打车再见"的宣传页面,充分调动用户的好奇心,让用户去猜测究竟发生了什么。紧接着,又发布宣传文案"将有大事发生",进一步引起用户的好奇和围观。在临近"真相大白"的日子里,开始部分透露基本事件信息,即品牌即将升级。通过一步一步升温,将品牌升级的活动推向高潮。

(七) 活动上线实施及每日数据分析

在完成前述步骤后,就正式进入活动实施阶段。活动实施阶段的主要工作是监控活动运行在既定的轨道上,并实时收集与活动有关的效果反馈,随时进行分析,必要时对活动方案进行干预,使活动达到既定的目标。

活动每日的数据分析包括记录活动的数据波峰和波谷,还要通过客服等渠道收集用户评论或用户反馈等有价值的信息。活动数据分析的具体数据项如下:

- 活动页面数据:页面 UV、页面 PV、页面分享数量、用户在线时长等;
- 活动渠道数据:曝光量、点击率、转化率;
- 活动业务数据:新增用户量、交易额、客单价。

活动策划方案能否得以最大限度地执行是非常关键的。执行力首先体现在具体的任务描绘、任务流程步骤、执行人员、执行时间、突发事件的处置计划等方面。关于整个活动的计划需要进行反复推敲,仔细检查是否有漏洞。

(八) 活动收尾

注意做好活动实施末期的收尾工作,例如公布活动结果、兑现活动奖品。活动结果的评判要公平公正公开,及时兑现奖品,维护参与活动用户的信任感情,为后续口碑传播做好铺垫。

活动收尾环节还包括用户层面的活动造势的收尾。从活动预热阶段已经开始有计划地对用户传递活动信息,在活动中吸引用户的参与。活动后可以进一步扩散和延伸宣传效应,比如将活动所取得的效果概括成新闻稿发布在社交媒介上。

(九) 活动复盘

复盘是将过去做过的事情重新演绎一次,从而获得对这个事件更深的理解。一方面是检验活动效果是否达成的重要手段,另一方面也能吸取经验教训,不断提升活动策划的能力。运营人员可以按照活动背景、活动目标、活动数据、过程分析、经验总结、后续计划等方面进行复盘,最终形成一份总结文档,不仅有活动过程的回顾和记述,还包括对活动取得的结果进行数据收集和统计,提出改进建议,为他人或自己日后的工作做参考。

上述步骤是对于合格运营人员的基本要求。除了做好成本控制,达到预期的绩效指标之外,还能让用户眼前一亮,这是对运营人员综合素质的全方位检验。

【知识延伸】

活动复盘若干问

1. 活动的热度持续几天后减退了怎么办?——如何吸引用户在活动期间持续关注活动?
2. 活动开始时,关注参与的人不够多怎么办?——如何在活动前期更好提升用户预期和参与度,做好预热?
3. 订单大量集中在某几天,或者一直有大量用户在早期观望形成"羊群效应"怎么办?——如何刺激活动早期订单数以及活动单日下单数?
4. 如何更好吸引用户持续关注?
5. 如何更好刺激单日订单量?

五、活动策划操作原则

在进行活动策划时,在操作层面需要把握以下几个具体原则。

1. 统一性原则

统一性是指活动的主题、内容、形式、时间、对象等要素的相互统一。比如,活动主题是严肃的,活动内容、活动形式就不能过于活泼;而对于促销、抽奖等类型的活动,其内容和形式应该是互动、活泼有趣的,为用户营造轻松愉快的活动氛围。

2. 细化、具体原则

任何活动方案到执行层面都是不一样的、差异化的,包括活动时间、活动规则、活动页面的文字设计都需要体现到具体可操作层面。

3. 可行性原则

为确保活动方案得以顺利进行和推进,在时间上不能将活动战线拉得过长,保持活动的刺激反应效果;活动的规模要根据具体配套的物料资源来设置。必要时,考虑活动总体成本或者用户理解成本等因素,可以将一个大活动拆分成几个可操作的小活动。

六、典型活动案例

(一)某银行节日活动

1. 活动关键页面
2. 活动评价

本活动采用套圈中奖的形式,体现活动的趣味性。整个页面设计以绿色、粉色为主,视觉效果清新,充满童趣。活动设置的奖品信息清晰,没有歧义。整体来看,整个活动页面可以让用户迅速了解活动内容以及参与活动的规则、奖品等。

第五章　金融科技活动运营

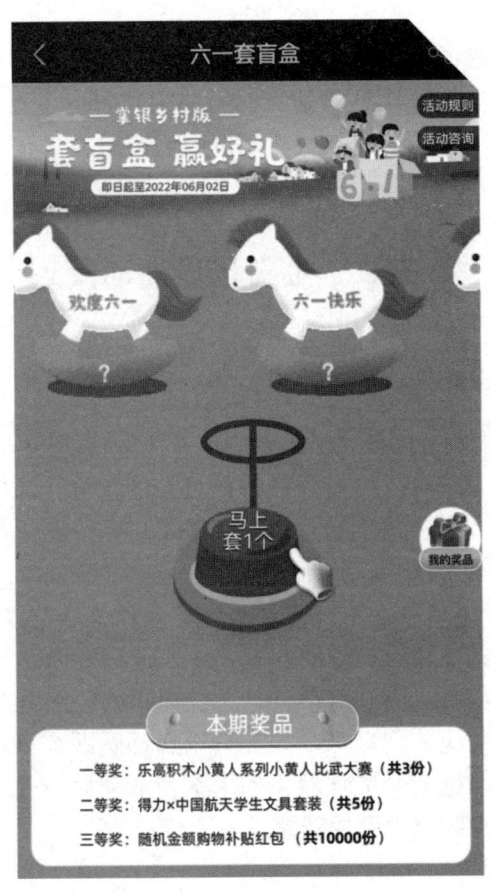

图 5-1　某银行六一活动页面

（二）某银行每日签到活动
1. 活动关键页面

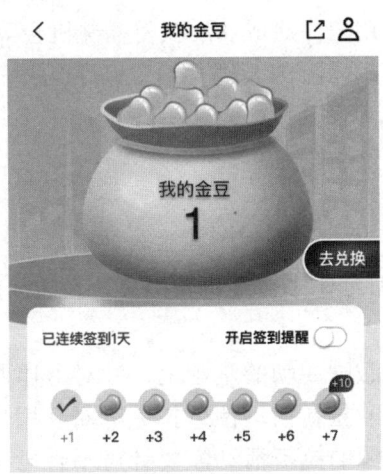

图 5-2　某银行每月签到活动

2. 活动评价

签到活动是各大平台的常用活动。该活动页面（见图5-2）信息全面，将用户是否签到的信息直接用"✓"的形式表达，而且使用独特的金豆的形象吸引用户的注意力，激发用户参与活动的热情。此外，活动页面上增加了"开启签到提醒""去兑换"两个非常人性化的操作提示。

第三节　拉新场景活动策划

一、拉新活动概述

（一）拉新概念

拉新活动是以活动为手段以拉新为目的的过程的统称，通过不同的活动形式去提升新用户的注册量、激活率、关注量等指标。将用户第一次下载或使用产品或使用某个新功能的行为定义为新用户。

（二）新用户心理诉求

拉新过程中，需要关注新用户心理诉求。

新用户初次看到活动时，内心对活动的感受是好奇、有趣的；如果此时感知到周围的人都在参与，从众效应体现出来，大部分用户都跃跃欲试；如果此时参与活动还能有一些奖励，尝试的动机就会更强烈；如果参与活动后体验还不错，就会转发到社交网络，推荐给好友，自我感觉到成就感。

（三）拉新激励策略

针对用户得实惠的心理给予适当的利益激励。比如用户完成注册或下载等拉新流程后，可获得现金红包、代金券、理财体验金、收益翻倍卡、加息券等；用户完成首笔交易送代金券，如10元代金券（交易单笔满1000元使用）、100元代金券（交易单笔满1万元使用）。加息券的年化利率在0.5%~1%，收益翻倍卡主要针对类似有明确收益率的产品。也可以采取用户注册成功后获得抽奖机会等形式。

针对用户好奇、害怕承担风险的心理，给予新手用户特权激励。比如提供7天会员体验特权、新手理财产品等。其中，新手专享产品一般期限较短、收益率较高，比如7~15天，吸引用户体验产品。

（四）新用户来源

从获客渠道分析，新用户的来源主要是非邀请渠道来源和邀请渠道来源（通过老用户推荐新用户）。实际运营操作中，会将新用户拉新活动区分成新用户拉新活动和邀请活动两类。

在针对新用户注册行为激励活动的基础上，针对上述两个渠道的活动及投放侧重点有差异。非邀请渠道来源的拉新活动注重扩大针对新用户激励活动的渠道投放，即以广撒网为主；邀请渠道来源的拉新活动需要针对平台已有的老用户尤其是忠诚度高的老用户进行邀请活动页面设计，明确告知老用户成功推荐新用户可以获得的奖励。

需要特别注意的是,邀请活动来源的新用户享受的新用户激励与非邀请来源的新用户享受的新用户激励是一致的。

二、典型拉新活动案例分析

（一）某银行产品拉新活动

某银行产品拉新活动的关键页面如图 5-3 所示。

图 5-3　某银行产品拉新活动页面

（二）活动评价

该活动采用九宫格抽奖的形式激发用户参与兴趣。将抽奖的奖品直接用图片的形式列出，将 100% 的中奖概率也表达出来，清晰直观；同时使用比较多的参与人次的信息，利用从众效应，激发用户参与活动的兴趣。用户有意愿参与活动后，会告知用户当前是否已经达成任务，如果没有完成指定的任务，引导用户去完成。整个活动具有完整的用户关键行为引导设计。

第四节　邀请场景活动策划

一、邀请活动概述

（一）邀请行为的原理

老用户邀请新用户行为的原理是口碑营销。在大众传媒时代，用户对于大众媒体广告的信任度降低，甚至低于1%；而在朋友圈分享消费信息的自媒体时代，用户更容易相信朋友推荐的产品或服务。通过好友推荐产品或者服务是典型的口碑传播效应。这个变化的背后是从推广资源主导的营销模式向用户体验主导的产品模式的转变。

邀请活动本质是老用户将平台的产品或服务推广给新用户，实现以较低成本的方式帮助平台拉新的目的。邀请渠道成为平台获取新用户的一个渠道，该渠道获得的新用户仍然享受针对新用户拉新体系的活动。

特别提醒，邀请活动是针对老用户的激励活动，在活动说明中需要指明活动适用的用户类型以及确定成功绑定可系统识别的邀请关系的路径。邀请活动中需要区分邀请人和被邀请人的身份描述，因为成功的邀请关系是对老用户进行激励的基础条件。

（二）邀请人的心理诉求

邀请人心理诉求的核心在于其分享的动机。分享动机一般包括以下几种情况。

第一，分享可以获得利益。比如社交电商拼团、派发打车红包券、分享外卖红包等场景，分享人分享到社交网络后，可以获得切实的物质利益。

第二，分享好东西给朋友。这是纯粹的分享行为，基于用户希望把好东西推荐给朋友的心理。因此，过硬的产品或服务是这类用户主动分享的重要考虑因素。

第三，分享是出于炫耀自身拥有的资源、获得他人认可的心理。受限于自身对信息的关注领域有差异，有些人能够分享的信息比较独特，比如偏政策型或者偏优惠型。

（三）邀请行为发生的条件

利用社交平台的流量优势，邀请行为一定程度上能够为平台产品提供大量的曝光。邀请行为的发生需要具备如下条件。

第一，提供可分享的能力：根据自身平台用户的特性接入可分享的目标平台（微信、微博等）。针对"90后"的产品需要加上分享到QQ；针对职场人士的产品，则需要接入一些职场人士较聚集的社交平台。

第二，提供可分享的内容：很多内容类App会做每日书签卡片，具备设计感，供用户分享到朋友圈，从而获取曝光和新流量。

第三，提供分享的动机：抓住用户的心理促成产品传播，帮助用户秀、炫、晒。比如一些拍照修图软件的手绘特效等传播产品。

第四，提供便捷的分享路径：在交互操作层面，考虑用户的使用习惯，以及如何更有效地引导用户完成分享行为。

二、邀请活动常见类型

（一）直接利益激励

第一种是按照单个好友贡献进行阶梯奖励模式。比如，按照被邀请人完成首笔交易、完成第2笔交易、在一定时间内的累计交易额贡献来进行奖励。

第二种是按照邀请好友的人数进行递进奖励。

（二）求助类情感激励

如果用户在产品内部想要得到某种信息或服务，必须借助其他人的帮助，那么同样会刺激用户去发起邀请。

比如用户可以通过邀请新用户获得一些在线课程的折扣甚至免费服务，这种场景会激励用户主动去完成邀请行为。实际操作是邀请人将平台生成的邀请卡分享到朋友圈，他的好友通过扫码完成关注或下载行为后，如果绑定邀请关系的好友的数量达到给予奖励的标准，那么该邀请人将获得预期的服务。

（三）赠送类情感激励

如果用户自身已经获得服务，平台可以为其好友提供比拉新活动更优惠的服务，同样会刺激用户去发起邀请。比如，一些在线课程学习平台的包年会员可以赠送好友6张免费听课证，一些酒店App的白金卡会员可以赠送好友金卡会员资格。

三、典型邀请活动案例分析

（一）银行邀请活动

银行邀请活动的关键页面如图5-4所示。

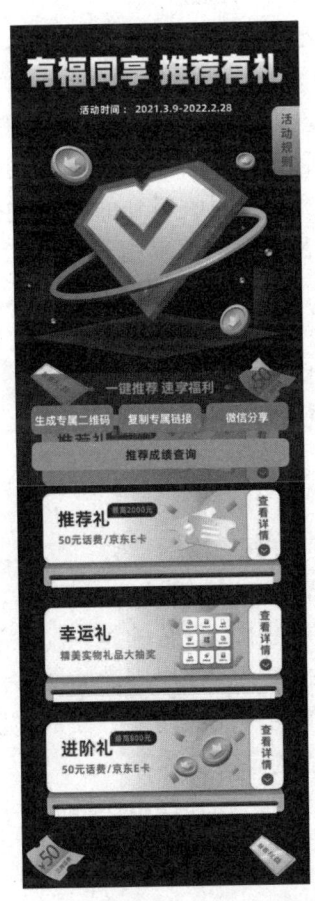

图5-4　某银行邀请活动页面

(二)活动评价

活动页面整体设计突出黑色,显示出该活动重视品质的内涵。需要通过邀请链接绑定邀请人和受邀者的邀请关系,因此活动页面将邀请专属链接和二维码放在了页面头部。接下来,使用大篇幅的页面突出邀请行为的利益激励。整个活动促使用户实施邀请行为的引导十分清晰。活动不足之处在于利益激励与受邀者的理财行为有关,建议将复杂的活动规则部分转化为图示,方便用户理解。

第五节 低成本场景活动策划

一、低成本活动产生背景

用户运营的最高境界是"四两拨千斤",背后体现出以小博大的资源利用意识。如果零预算就能使一场活动实现预期的效果,又有什么理由花成本呢?因此,在预算极少的情况下策划活动是对运营工作的挑战。

低成本获取的用户往往希望能够在后期的用户成长体系中自动转化,所以这里需要区分种子用户和有效用户。

种子用户的特征是具有"生根发芽,长成参天大树"的潜力。在《引爆点》中,种子用户的特征如下:第一,种子用户首先是产品使用的内行人,主动收集关于产品使用的各种一手或二手资料,并且会对收集到的信息进行加工和比较,通过发布"经验帖"的方式分享和传播与产品有关的深度内容;第二,种子用户处于一定专业的信息传播网络中的核心节点位置,成为产品传播的联系人角色;第三,种子用户具有传播号召力,能够极富热情地推广产品使用的体验,通过口碑传播的方式感染到身边的用户,从而为产品带来新增用户。

而有效用户是指那一批会真正使用产品的目标用户,包括种子用户、潜水用户等。

二、低成本活动运营建议

在预算极少的情况下,如何办好一次活动呢?

(一)积累用户资源,发挥口碑传播效应

用户资源不在多而在精,更在于有日常的积累。做到何种程度视为积累了用户资源呢?需要深入了解该类用户的需要、使用本产品能够满足用户的需求、用户使用本产品获得的精神反馈以及日常使用产品在功能方面的体验。这一类用户往往是产品的核心用户乃至灵魂用户,是产品的忠实支持者。

通过一定形式连接到这些用户后,这些用户将成为产品的朋友,也可以成为运营人员的资源。

(二)找合作伙伴赞助

所谓的赞助其实是向能够提供活动奖品的个人或者公司寻求帮助。双方达成合作后,只要在活动中给予合作方一定的利益即可。

【练一练】

策划一个针对金融科技平台的零预算活动,活动目标是促进用户活跃。

【课后思考】

1. 简要分析常用的促销工具及其适用场景。
2. 从行为心理学角度分析活动发挥作用的原理。
3. 简要分析常见的用户心理效应,并以生活中的实例加以解释。
4. 分析活动的构成要素。
5. 简述活动运营的工作流程。
6. 完成一个金融科技产品的拉新活动策划及文案写作。
7. 完成一个金融科技产品的邀请活动策划及文案写作。

第六章

金融科技内容运营

【学习目标】

□ 知识目标
1. 了解内容的表现形式和三种生产方式。
2. 了解内容的生产步骤。
3. 掌握内容的叙事原理及用户注意力规律。
4. 了解内容运营的策略。

□ 能力目标
1. 能够使用思维导图工具构建针对特定主题词的内容元素思维导图。
2. 能够根据产品的独特优势构思内容主题及文案主题句。
3. 能够为特定主题的内容设计多个易于传播的标题。

□ 素质目标
1. 培养学生的发散性思维。
2. 培养学生内容表达的总结与提炼的能力。

第一节 内容与内容营销

一、内容概述

（一）内容作为运营的重要媒介

媒介是在企业和用户没有直接相关联时提供信息中介的角色。过去以电视机为主要传播载体，并逐步过渡到 PC 桌面和手机界面，触达用户的时间点逐步跨越时间和空间。在企业获取用户过程中，媒介发挥的是用户信息撮合的功能。过去的营销是以渠道为核心，而现在的营销则以人为本，人是感性动物，更好的内容显然更容易打动人，甚至形成二次三次的深度传播。企业定向传递的信息由告知向影响转变。

用户完成注册或下载行为，即成为运营的目标用户。运营触达用户的媒介主要是 App 的功能、企业自身的传播渠道（微信公众号、微博、抖音等），从运营角度看，最终用户通过图文感知产品，体现出运营岗位的价值。以文字为主体的文案是运营与用户的媒介。不同文字寄托了不同的态度和价值观念。通过用户对文字的理解完成用户行为的引导。文案写作能力既是运营人员的基本功，也是最核心的能力。互联网运营职能的价值最终体现在通过内容与用户沟通且用户完成了企业希望用户发生的行为。

（二）内容的表现形态

互联网时代，无论什么产品表达其功能价值及使用方法，都需要通过内容作为与用户互动的媒介。内容的范围非常广泛，小到各导航菜单标题或横幅广告头图，大到一篇文章、一集视频或者评论，甚至有一些专门以提供内容为核心价值的产品，如视频网站、音乐类 App、知识社区等。

概括来说，凡是产品中用以阐释、承载、传递产品功能价值的信息，都可以成为产品的内容。无论产品是何种形态，都需要建立在内容的基础上。例如，工具型产品，内容一般体现为 UI 界面、功能按钮、社区等；电商类产品，内容一般为海量库存单元（Stock Keeping Unit，SKU）、轮播图、网站横幅广告等；资讯类产品，内容则为文字、图片、视频等。互联网产品运营的内容最常见的形式是图文，后期发展到融合文字、图片、动画、音频、视频等多种媒体的形态。通过各种内容元素的组合搭配，综合使用，达到更为强烈的表达效果。

但是，不得不承认，优质内容的传播效果来自精准的选题。有人将内容的选题能力归纳为一种体系能力，是个人或团队的组织体系、文化属性、知识储备等方面的综合结果。内容的长期从业者仍然需要摸索出一条在互联网的某个领域内容生产的路子，然后固化成某种内容生产的组织体系，才有可能实现长期发展。

（三）内容的三种生产方式

内容的生产方式主要包括三种：品牌生产内容（Occupationally – Generated Content，OGC），是指通过产品方自设内容岗位生产内容；专业或专家生产内容（Professional Generated Content，PGC），是指由第三方的专家来生产内容；用户生产内容（User – Generated Content，UGC），是互联网产品越来越看重并着力发展的方式。UGC 模式激发用户的创造和分享热情，使平台汇聚高忠诚度的用户，最终促进活跃社区的形成。

对于初级的内容运营岗位来说，需要掌握最重要的文案写作和内容版面设计的技能，有效传递产品理念和价值，引导用户自主生产内容，促进用户对产品的认知，加强产品与用户的紧密联系。

【案例】

小米手机的营销创新在于手机还没有生产出来就开始积累粉丝。小米的营销负责人最初参考了当时红火的凡客和 OPPO 的营销模式，准备效仿它们所使用的路牌广告模式。但是雷军否定了该方案，雷军希望小米的营销有效而不花一分钱。营销团队转而分析谷歌 Gmail 的爆发模式，发现以下三个重要特征影响口碑营销：一是信息从不对称转为对称；二是信息传播速度快速增加，范围迅速扩大；三是基于社会化媒体，每个人都成为信息节点,每个人都有可能成为意见领袖。

互联网时代,好产品不仅要能用,还需要追求好用、易用。最终,营销团队开始构思小米的口碑营销系统核心:发动机、加速器和关系链。其中,发动机是产品本身,好产品是口碑营销的基础;加速器依赖微博等社交媒体。关系链来自小米与用户互动产生的多个用户圈层。内核圈层为小米的100多位开发工程师;"核心的外围"是论坛人工审核过的1000位"有极强专业水准的荣誉内测人员",再外围是"10万个对产品功能改进非常热衷的开发版用户",最外层是MIUI稳定版用户。其中内测人员每天可以测试新的升级版本和功能,充分体验参与的乐趣。

当MIUI发布到第四年的时候,全球用户主动反馈的帖子已经有1亿个。这种用户深度参与的开发模式开创了先河,使中国手机发展史上出现了互联网手机这一独特的品类。从营销角度看,在小米手机作为商品问世前,小米手机的传播已经完全具备一个爆发性消费事件的所有要素,即通过互联网实现粉丝聚集、高互动和强参与,为爆发性消费事件奠定基础。

二、内容营销概述

(一)内容营销产生的背景

传统广告营销面临巨大的"瓶颈",包括黄金时间、头版整版等体现出来的对时间和空间的苛刻要求,以及传播模糊背后的高额营销成本。百货商店之父约翰·沃纳梅克有句名言:"我知道我的广告费有一半是浪费的,但我不知道浪费的是哪一半。"这体现出对以广告为主要形式的传统营销效果的质疑。

从以渠道为核心到以人(终端用户)为核心经历了四个不同的发展阶段,最初的阶段体现为传统广告被动展现,渠道为主;第二个阶段是产品在场景中展现;第三个阶段体现为随着媒介的广泛分布,用户注意力变得稀缺;第四个阶段体现为迎合用户情感需要,文案内容成为重要载体。

(二)内容营销的价值

内容营销是通过让消费者自愿地、广泛地接触与品牌相关的内容(视频、文字、图片、应用程序等形式),体验产品优势和品牌个性,从而建立信任和好感。它可以说几乎是广告的反方向,并不追求短期或立即性的不理性的直接行为改变,而是倾向理性的、长期的产品教育。内容营销对品牌的意义在于让品牌信息被感知、被相信,可帮助企业担当思想领导的角色,扎实地提高品牌的忠诚度。

(三)内容营销与软文

内容营销的主要载体是自媒体运营,其典型运作模式是通过发布内容,获得订阅用户,进而实现广告收入或品牌传播。

好的内容即好的软文。这里的"软"与广告的"硬"相对,追求的是一种润物细无声的传播效果。软文的目的是实现与用户的双向沟通,即让客户得到了他需要的内容,了解了广告的内容,也愿意分享,实现传播的效果。

第二节　内容与叙事

一、内容的传播力

产品的价值观、思维观念主要都是运营人员通过内容的载体传递给用户，然后在用户之间进行口碑传播。某种程度上，运营人员通过"内容"这个媒介在"扎根"。

（一）内容与用户注意力

用户所处的场景有差异，留给文案阅读的时间也不一样，比如地铁上看广告和在电脑前阅读的时间有差异。因此文案提供的信息量需要与用户的阅读场景匹配（见图6-1）。

对于A区域的文案内容，用户潜在阅读时间在10秒以内，一般要求文案信息量小，最好在15个字以内，强调品牌认知，形成印象，强调记忆点，或者制造好奇，引导用户进入其他场景。

对于B区域的文案内容，用户潜在阅读时间在1~3分钟，文案的信息量可以扩充到100字以内，通过海报或传单，引导用户进行下一步的行动。

对于C区域的文案内容，用户潜在阅读时间在5分钟以上，文案的信息量可以扩充到500字以上，可以将故事讲述得更加完整，增加趣味互动。最重要的不是文案的字数，而是说服用户的逻辑。真正打动用户的内容，一定是带着各种复杂的感情写出来的。这里提到的"感情"是对用户作为个体的共情，而面向用户的内容需要基于用户内在的真正需要。

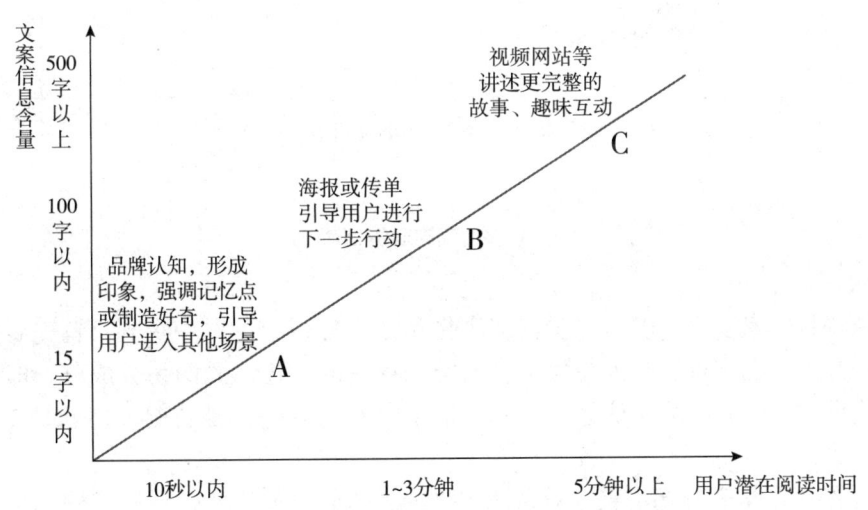

图6-1　不同文案信息含量与用户潜在阅读时间的关系

（二）叙事逻辑与最小叙事单位

1. 好的内容与叙事逻辑

好的内容本身就是一个好的故事，其本质是一个说服用户、影响用户的叙事逻辑。

叙事逻辑的概念有广义、狭义之分。狭义的叙事逻辑由法国学者 C. 布莱蒙（Bremond）提出，他认为叙事逻辑是指包括论述叙事的基本序列和复合序列的理论。布莱蒙认为，叙事的基本序列由三个功能组成：可能—过程—结果。这三个功能组合恰好与事物变化过程的三个必经阶段相对应。在具体的叙事文本中，这三个功能组合并非必然连续发生，每一个阶段（功能）都有选择性。就逻辑角度而言，一事物若具备了发生的"可能"，主体可以采取行动，这是有可能变成现实的"过程"；但也可能不采取行动。若主体采取了行动，有可能达到预期的"结果"，可称为"成功"；也可能未达到预期的"结果"，可称为"失败"。

好故事的判断标准是读者能否一口气看完，断断续续看完的故事和花 3 个晚上看完的故事，一定是不一样的。好的故事的关键在于抓住冲突，抓住问题核心，然后提出合理的方案，来实现最终的愿景。读者在阅读时进入自己熟悉的叙事模型，读起来的效果是流畅的。

构建一个好的故事需要先建立一个主干的故事框架；在故事框架的基础上，不断展开细节。故事的框架是指故事主角的详细经历，以及所遇到的障碍和克服障碍的解决方案，然后顺利走到下一步，这里可以参考常见的戏剧表演框架（见图 6-2）。

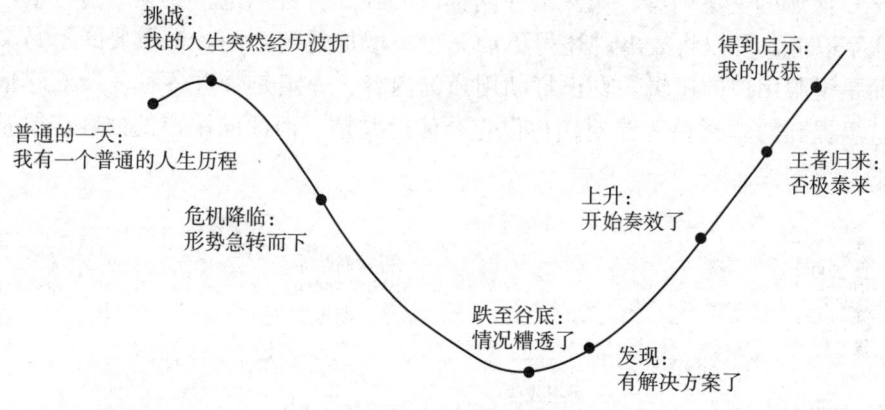

图 6-2　戏剧表演框架

2. 最小叙事单位

法国符号学家罗兰·巴尔特在《叙事作品结构分析导论》中提到：首先要把叙事作品切割开来，确定可以归入为数不多的类别里去的叙述话语的切分成分，即要确定最小叙述单位。学者叶舒宪认为，这个"最小的叙述单位"是功能，其承载了意义的最小切分成分。

19 世纪俄国学者维塞洛夫基对童话故事的类型做过研究。他按照主题和情况来区分童话的叙述类型，认为主题是可变项，它因情况的不同组合而变化。情境是首要的意义单位，主题可以区分为各种情境，情境是不可再分的基本叙述单位。弗拉基米尔·普洛普研究了 100 个俄国童话后，认为不同的情况可以描写相似的行动。人物的地位、品质是可变项，这些人物作出的行动却总是相似的（可以描述为不可变项），普洛普把这些相似的行动称为"行动中人物的功能"。例如:"国王给英雄一只鹰,鹰把英雄运走,到另一个王国去。""老人给舒申科一匹马,马把舒申科驮走,到另一个王国去。"这类情况描写的相似行动在于"这个英雄获得了魔法"。

普洛普总结了童话叙述的规律:

- 人物的功能是故事中不变因素,无论这些功能由谁来完成,怎样完成;
- 童话中的功能数量是有限的,比如俄国童话有31个功能(见表6-1);与这31个功能相应的还有七大"行动域":反面人物、赠予者、被追求者的帮助者、被追求者的父亲、派主人公外出历险者、主人公、假主人公;
- 每个童话都含有上述功能中的某些个,其排列顺序是相同的;
- 某些功能可以从固定的顺序中剔除,某些功能可以重复出现。

每一个行动域组合起固定数目的行动。由于功能、人物都是相对固定和有限数量的,那么各种各样的童话故事可以看作是"有限手段的无限运用"。

表6-1 童话故事中的情境

序号	功能	序号	功能	序号	功能
1	初始情况主人公不在	11	离开	21	追赶
2	禁止	12	主人公获得特异功能	22	解救
3	违反	13	主人公的反应	23	不相识的来者
4	探求	14	咒具的获得	24	无理要求
5	泄露	15	两地域间的空间转换	25	难题
6	欺诈	16	斗争	26	解决
7	牵连	17	做标记	27	酬谢
8a/8b	加害/缺乏	18	获胜	28	真相大白
9	调解	19	缺乏被消解	29	变身
10	反对行动	20	返回	30	处罚
				31	婚礼

人类语言具有生成性,生成的本质意味着变形。语言知识的有限性体现为由某种规则和原则构成的有限系统,语言的无限性体现为一个会说话的人能讲出并理解他从未听到过的句子及与之前不相似的句子。美国当代语言学家乔姆斯基提出了"语言是句子和无限集合"的观点。

叙事文学作品是用日常语言写成的,从表面上看小说的叙述仿佛同样是被语言的句法所限定,实际上作品的意义远远超出日常语言的文字意义,属于另外一个系统,即前文提到的联想功能。系统意义的表现,就是指涉意义的形成。

二、叙事逻辑与叙事结构

(一)叙事与符号沟通

1. 符号依赖解释

学者叶舒宪在《符号:语言与艺术》一书中,引用了莫里斯对符号定义的一般表述,即一个符号"代表"了它以外的某个事物;如果任何事物A是一个预备刺激;这个预备刺激在发端属于某一行为族的诸反应序列的那些刺激——对象不在场的情况下，引起了某个机体中倾向于在某些条件下应用这个行为族的诸反应序列去作出反应，那么，A 就是一个符号。叶舒宪对"符号"的定义是：在交际的过程中，通过某种有意义的媒介物，传达一种信息，这个"有意义的媒介物"就是符号。

符号的意义在于它是符号使用者和解释者之间据以对符号的指涉进行编码和解释的一种既定的秩序。符号的沟通需要达到的目的在于听话的人接收到该话语后，对它的解释跟讲话人想说的意思一样。

符号的意义具有开放性，意义处在关系结构中，具有动态交流的性质。这个特征构成了符号的多义性。符号意义具备系统性，是指从符号整体视角看内部的特定秩序。比如在一个句子中出现的成分可能没有指涉意义，但它如果不可或缺，即具备系统意义。符号的指涉功能的实现方式依赖于解释过程，而叙事逻辑正是对抽象的符号进行解释的过程。

【案例】

笔者曾经发起了一个关于"剔除知识和信息，回顾大学生涯，你学会的最重要道理是什么？"的话题。一个学生的回答如下：

一个悖论，"那些令人醍醐灌顶的道理，除非亲身经历，否则永远都无法理解"。不同的主体对于同一事物的理解是不同的，会受到认知、性格及家庭背景等因素的影响。所谓道理，是人根据自己独特的经历，运用理性思维提炼的产物。听到别人感慨的一句话，却无法回溯出别人的经历。一句道理一个宝藏，只有积累了足够对应的感性素材后，才可以拥有属于自己的解读。比如道理"愤怒影响你的判断"，可能在情侣吵架导致分手后，也可能在屏幕前自以为是的读者脑里。照这么说，听道理真的是一无是处吗？这世上其实没有什么道理能让我们醍醐灌顶，真正让我们醍醐灌顶的，是我们独特的经历。而那句道理，只是点燃火药仓库的一根火柴。

这个回答中，当事人将自己的人生体验浓缩，将"道理"这个抽象的符号隐喻成"点燃火药仓库的一根火柴"。

2. 解释依赖情境

人的交往属性决定了符号的交际特性，与所处的对话情境息息相关。对话体现了解释的过程，对话情境实际上是解释展开的空间情境。莫里斯指出，一个符号的解释，最后必须是归于一种习惯，而不是归于由符号媒介物所引起的直接的心理反应，也不是归于伴随着心理反应的意向或感情。对话是语言的本质，语言的解释根据是习惯，即约定俗成的信息。习惯是对符号与意义的关系的一种以默契形式体现出来的定向心理联系，没有习惯，一个事物很难作为一个符号参与到信息的交流过程中。约定俗成体现了习惯的经济原则。语言的习惯需要被大众所接受。语言一旦成为规范，参与思维当中，就会不断延续下来。

比如，一个人说："今天早上天气还好好的，太阳大大的，到中午，一阵风刮来，就下起雨来了。"接收信息的人作出反应需要依赖上下文的情境信息。比如可能有以下三个语境：

A. 语境——在某处候车，因下雨，动弹不得。

用意——抱怨，表示一种心情。

反应——随声附和，或者宽慰对方。

B. 语境——在某人家里，天下雨，准备离开。

用意——请求，想从主人处借一件雨具。

反应——表示借，或者不借。

C. 语境——在公园，甲与乙聊天，但是话不投机。

用意——以陈述来掩饰尴尬。

反应——找一个能引起对方热情的话题，或者赶快结束对话。

3. 作为特定情境的节日仪式

社会学家保罗·康纳顿认为，社会群体是由一个交际系统或多个交际系统组成，关于过去的意向和对过去的记忆知识，或多或少是由仪式操演来传达和维持的。仪式是受规则支配的象征性活动，它使参加者注意他们认为有特殊意义的思想和感情对象。仪式不仅是表达性的。仪式的本质在于表达，而非工具。仪式的价值在于体验仪式的过程本身，仪式倾向于程式化和重复。仪式需要被认真遵守，以表示感情；从某种意义上来说，操演一场仪式，总要认同它的意义。仪式不仅是表达某些信仰的一种方式，而且，某些事情只能用仪式来表达。

仪式往往会在特定时间、特定地点举行。从程序上来说，仪式有开始和结束，但是在仪式上所展示的一切，建构成关于仪式的符号表象，渗透在非仪式性的行为和心理中。仪式对于一系列其他非仪式性行动以及整个社群的生活，都存在意义。

纪念仪式对塑造社群记忆有重大作用。仪式通过沟通群内共同价值，减少内部纠纷，塑造某种精神及由此精神塑造的意识，形成文化传统，来发挥作用。仪式发挥了调整组织关系的杠杆作用。仪式并非口头评论，仪式即行动，从而仪式成为强有力的记忆手段。仪式的一致性，使参与者出现一致的行为方式，形成某种集合人格。

周期性庆典使通过按照日历举行的周期节庆成为可能，日历使世俗时间结构和另一个结构的并置成为可能。同样的庆典在同样的日子举行，显得仪式具有同质性，并且延伸到同质的体验。因此，仪式时间具有无限的重复性。

以用户视角感知到的常见的全年大型营销活动为例。从年初的"年货节"陆续开始，商家平均每15天到1个月的时间上线一次营销活动。其中有些节日跟传统佳节联系在一起，比如"年货节"、七夕节等；有些活动是与当时的特别场景联系在一起，比如3—4月的春季踏青活动、9—10月的开学季；而"618"购物节和"双十一"、"双十二"的购物节，则是因为互联网的发展而产生的电商营销节日。很明显，节日本身是固化的仪式感，其出现时机是独特的，能够唤起用户内在的情绪记忆，进而激发用户为满足与家人或朋友等的情感维系所需要的购物行为。节日是激发用户在特定时点的生活或工作需要的重要外在因素，属于激发用户行为的外部刺激。比如七夕节往往是鲜花销售的旺季，而中秋节或国庆节所处的9—10月是大部分学生开学的时间，可以带动图书、文具等商品的销售。而运营人员策划的内容通过互联网的传播不断提醒用户在当前的时点需要做的特定行为。

（二）叙事框架

按照叙事逻辑，叙事框架可以分为递进式结构和平行叙事结构两种。

1. 递进式结构

递进式结构下，一般根据时间发展进程、空间元素主次、逻辑发展规律等，呈现出以单一线索为演进逻辑的叙事框架。通常体现为主人公如何逐层推进、逐层深入克服障碍的过程，一环扣一环，每部分都不能缺少，其内容之间的前后逻辑关系及顺序不可随意颠倒。

2. 平行叙事结构

平行叙事结构表现为多板块结构，按照板块间的排列关系具体分为并列式、连接式等几种平行结构思维。一个阐明观点的开头作为文章的总起部分。文章的分述部分由正文主干部分组成，它们之间互相独立，从不同的角度表达观点，在编排先后次序上要有一定的斟酌。结尾是文章的总结部分，它不仅是分述部分的过渡，而且常常是对正文主干部分的归纳小结。

以纪录片《劳动铸就中国梦》的叙事结构为例，该产品为典型的平行式结构，将内容分为六个小标题进行展开："劳动改变命运""劳动创造财富""劳动点亮智慧""劳动提升品质""劳动缔造幸福""劳动彰显国魂"；这六个版块共同支撑着"劳动"这一宏大的主题，其中每个版块又选用具有共性的素材加以支撑。

【练一练】

以下三个游戏可以用来激发叙事的想象力，请课后自行练习。

游戏1：外星人访谈

游戏玩法：

参与者组合为多人一组，将角色分成A、B、C三类。向大家宣布，最近有外星人（A）光顾地球，我们十分幸运地请到了他们之中的几位。遗憾的是，他们只会讲外星语，因此需要培训一些人来担任翻译官（B）。今天科学家代表（C）将采访这几位外星人，以便了解他们那个星球的生活。

接下来，请每个小组找到合适的空间，进行即兴表演。每组中的科学家在翻译的协助下，开始向外星人提出一些有趣的问题。鼓励科学家想出一些富有创意且恰当的问题，比如：

"你是如何来到这里的？"

"你们外星球长什么样子？"

"你那里天气怎么样？"

"你们吃什么？"

"你们怎么进行娱乐？"

"你们怎么获取食物？"

翻译官把这些问题翻译成外星语（胡言乱语），运用手势和恰当的语气。然后外星人用外星语回答，运用动作、表情、腔调和胡言乱语把答案传递给翻译官，翻译官需要把它转译给提问者。注意，翻译信息时需要采用外星人的语气和表情。

游戏的目的在于鼓励参与者运用自己的肢体、声音和即兴表演技巧给出富于创意的回答。同时要求翻译者具有细心观察的技巧，需要团队紧密合作，保持对情境发展的观察，获得即兴表演的效果。

游戏2：连续的静态场景

游戏玩法：

请参与者在表演区的一侧排成一队。当你喊出"开始！"，大家必须冲入表演区，并将自己融入一个静态场景。通常是这样进行的：

A：（队列的排头，摆出一个造型）我是一名正在执勤的友善的交通警察。

B：（队列中的下一个人，紧随其后）我是一个正要开溜的小偷。

C：（冲进表演区，静止不动）我是一个老太太，我的钱包被小偷偷走了。

D：（冲进表演区，静止不动）我是本地人，正试图拦住这个小偷。

如果想尝试对话和语言，可以拍打每个角色的肩部，他们必须以角色的身份即兴说出对白。

参与者可以重复本练习，将这个场面之前一分钟和之后一分钟的场景用静态画面呈现出来，再用这三幅画面构建一个故事。

游戏目的在于让参与者在叙事中体会清晰的开端、发展和结局的重要性。

游戏3：沃利的钱包

游戏玩法：

给参与者一个"遗失物品"，例如一个钱包、一个装满东西的袋子、一本写满批注的旧书、一只装着旧照片的木匣。所选择的物品应该藏着某种线索，可以据此来确定其主人的身份，或是造成遗失的原因。

本游戏有两种变化形式。简单版本的玩法是给大家几分钟思考时间，把物品在大家中间传递一圈，每个人必须向大家讲述物品背后的"真实故事"，最好以亲历者的视角来讲述。进阶版本的玩法是在简单玩法的基础上，将参与者进行分组，每个组使用道具完成一段即兴表演，编排物品背后的短篇故事。

游戏目的是通过相同的道具为参与者提供构思和叙述故事的集中且富有创造性的机会。

第三节　内容生产综合实训

文案写作是内容运营人员的基本技能，要求文案基本贴合用户的需求，贴合产品的需要，能够用合适的方式触达用户。无论是生产何种形态的内容，其创作一般都需要经历确定主题、选定元素、构思结构、拟定大纲、撰写文案、拟定标题、输出页面内容等步骤。

一、构建内容元素思维导图

运营实践中,除了拉新场景,产品为了与用户保持稳定的沟通效果,往往会借助时令或热点话题作为内容的引子,因此需要运营人员提前布局节日促销活动,把握好运营的节奏。

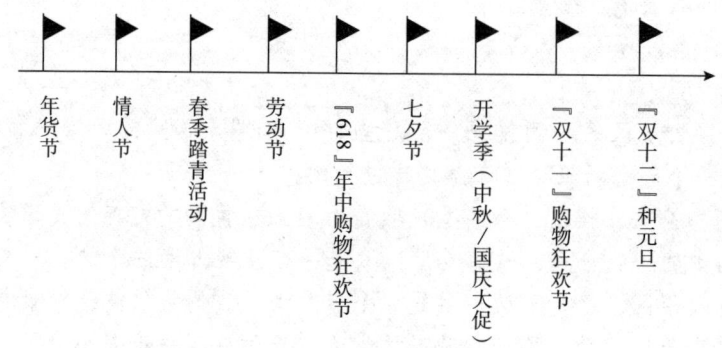

图 6-3 用户运营的全年活动节奏

（一）节日元素头脑风暴

处于相同地域范围的人受类似的文化传统的影响,所遵循的仪式传统是相同的。活动每年都会循环,运营人员可以将每年对应的节日活动的内容元素梳理出来,用于在开展活动时拓展思维。

以母亲节为例,到这个节日,不同的人会与不同的意象关联在一起,比如想到妈妈对孩子的爱、与妈妈在一起的回忆等。而这些意象可以朝着现实生活中的需求转化,比如针对"与妈妈在一起的回忆",可以转换为与妈妈在一起的视频或者照片,既可以是当下的,也可以是过去的,还可以将当下的照片和老照片上的人物变化进行对比。

实施该环节的要点在于充分进行头脑风暴,发散思维,激发很多有趣的灵感。

（二）梳理内容元素思维导图

经过某个节日有关意象的头脑风暴后,进入想法的震荡和收敛阶段,最终形成基于某个节日意象内容元素的思维导图。该思维导图由中心向外发散至少包括两类层级：意象以及能够表达意象的符号。

构建内容元素思维导图本质就是整理节日作为预备刺激的各种符号（见图6-4）。

针对某个意向梳理思维导图,其背后的原因在于节日仪式每年都会发生,而节日背后用户的普遍情感诉求基本一致,活动策划及内容生产的结果只是将相同需要与不同的需求表达方式相结合,实现用户情感需要与外在表达载体的联想和关联合一,激发用户产生预期行为。这里的不同需求表现形式需要运营人员综合考虑自身企业的文化风格、产品定位、拥有的传播资源、可承担的运营成本等因素,策划适合本企业的活动及内容,达到相应的运营目标。

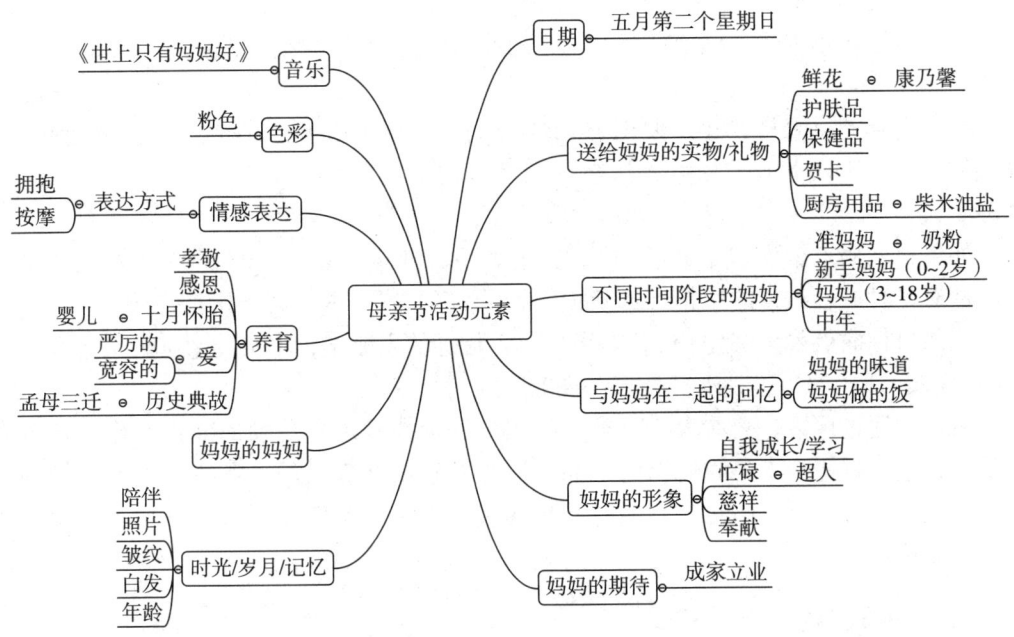

图6-4 母亲节活动元素思维导图

二、挖掘产品的独特卖点

用户的需求和动机决定了运营人员影响他们更有效的方式。如果用户具有明确、自主的刚需,则文案内容解答用户的疑惑、说服用户即可;如果用户的需求强度较弱,可有可无,则可以通过更精细的场景植入,在对应的特定条件下激发用户的欲望;如果用户倾向于认为没有需求,则制造某种认知失衡,即给用户营造一个巨大矛盾的场景,且用户已有的认知无法解释,从而重构用户的认知。

可以使用以下七大问题帮助运营人员找到产品潜在的卖点。

- 我们的产品有哪些值得人关注的细节?
- 我们的产品能解决什么问题?为何能解决?
- 我们的产品对比其他同类产品有何显著特点与不同?
- 竞争对手存在哪些弱点是我们能做得更好的?
- 有哪些设计生产中的细节、过程可以体现我们产品的好?
- 有哪些实际发生的结果和用户行为可以体现我们产品的好?
- 有哪些人、事物、品牌的背书可以体现我们产品的好?

【练一练】

选择一款金融科技平台的产品,依据产品卖点的七大引导问题框架,具体分析该产品的优势。

此外,也可以通过收集用户在使用产品过程中的痛点(对于产品来说,痛点多是指尚未被满足的、而又被广泛渴望的需求），反推产品卖点，比如相关产品的用户评价。以一款手账本为例，痛点关键词包括小、便携、不易磨损、无线头瑕疵、内页白纸等。

如果目标痛点聚焦"小+便携"，文案如下：80%的女性正在使用××尺寸的包，遗憾的是，80%以上的手账本无法被她们随身携带（配负面图）。幸好，它可以（配产品图）。

如果目标痛点聚焦"不易磨损"，文案如下：通常，超过75%的手账本在2个月内会遭遇各种或轻或重的磨损（配负面图）。幸好，这一本不会（配产品图）。

如果目标痛点聚焦"空白"，文案如下：最好的手账本，不会约束你的灵感和想法（配负面图）。比如，这一本（配产品图）。

总之，通过搜索、查看大量同类产品用户评价找到用户当前的痛点。作为运营人员需要思考：哪些痛点是我们当前产品可以更好解决和满足的，哪些痛点是我们的产品进行优化后可以更好满足的。通过找出明确卖点，围绕卖点创造文案，说服用户作出购买或传播行为。

三、构思主题

主题是一篇内容作品的中心思想和核心主旨，是内容创作的出发点和落脚点。确定什么样的主题，主要取决于要达成什么样的目的及目标。

比如元旦节活动内容的主题可以通过年度理财收益回顾与对比的方式展现。不难看出，特定节日的内容元素思维导图可以给内容主题提供很多创意。

四、根据主题及用户认知规律，选择合适的叙事逻辑

正文风格一般包括故事类、知识类、促销类、新闻热点类等风格。风格是指对叙事逻辑的包装呈现形式。风格特征可以让用户快速识别出内容是否适合用户。

第一种：故事类风格。用户都喜欢听故事，会对故事中的情节、人物有所向往，在故事中领悟人生哲理。情感故事的内容容易引起用户共鸣从而带动消费。目标人群主要为孝敬长辈的子孙辈、关爱丈夫或子女的女性。具体呈现形式包括情感故事、用户感言、搞笑故事等。

第二种：知识类风格。知识类风格是指通过实践积累的经验而产生的内容，具有真实性，内容能够充分展现实践过程中遇到的问题，让读者从中获得有价值的信息。具体呈现形式包括经验分享、报告评测、知识问答等。

第三种：促销类风格。促销类风格是利用用户普遍得实惠的心理需求而制定的内容，内容需要充分体现优惠活动的内容，同时制造热卖场景——"羊群效应"。具体呈现形式包括日常活动、时点活动等。对于用户来说，价格的高低在选择购买产品时能起到很重要的作用。促销类软文一定要让消费者感觉到"超值""划算"，并且适当加点时间限制，让用户对消费有紧迫感。

第四种：新闻热点类风格。新闻热点类风格是指通过模拟新闻的形式和手法，以

权威观点、权威专家论证、权威机构推荐的形式，增加内容的可读性。一旦产品被赋予某种权威或者权威的暗示，会大大加深用户对企业产品和服务的信任感。具体形式包括新闻报道、媒体访谈等。

新闻热点类内容即某段时间内搜索量迅速提高、人气关注度节节攀升的事件。利用热点内容能够在短时间内为网站创造流量，可以借助平台通过数据分析热门事件，比如一些搜索引擎提供的搜索风云榜。时效性内容是指在特定的某段时间内具有最高价值的内容，时效性内容越来越被运营者所重视，并且逐渐加以利用使其效益最大化，营销者利用时效性创造有价值的内容展现给用户。

五、构思文案主题句

内容主题句又称为金句，是整个文案的点睛之笔。主题句浓缩了故事的精华和哲理，能够引发用户思想上的共鸣，而且让用户容易记忆，从而产生主动转发和传播的行动。建议结合主题和节日内容元素思维导图构思主题句，使其背后表达的内容不突兀，合情合理。

某理财 App 的主题句案例：

案例1：

针对母亲节活动：小时候，妈妈是我们的保护神，长大后，我们是妈妈的保护伞。

案例2：

针对儿童节活动：你的理财轨迹，是你的成长地图。

六、设置与内容风格保持一致的标题

标题传达文案内容中最重要的或最能引起用户兴趣的信息。标题在内容排版中始终处于最醒目、最有效的位置，发挥吸引用户继续阅读内容的功能。

（一）标题拟定的基本原则

1. 标题的长度和细节。标题尽量控制在 15～30 个字以内。10 字以内的标题，斟酌文字时会特别难，有时候连主谓宾都不能概括全。30 个字以上的标题，容易让用户产生阅读疲劳。

2. 标题要通顺，适当断句。标题出现病句，容易让用户怀疑内容的专业度。如果标题里某句话特别长，需要适当进行断句。

3. 适当运用标点符号和数字。标点符号能起到减少阅读疲劳的作用；另外像双引号、书名号、双括号等，能够起到强化点击的效果。如果需要用数字，尽量用阿拉伯数字，而不用大写的中文数字。

4. 注意文明用语。标题跟内容一样，避免引起用户的反感。标题不能与内容完全无关。

（二）好标题的特征

第一，主题鲜明，直击痛点。标题高度概括内容，使用户在最短时间内明确理解标题说的是什么。标题不能与内容毫无关联，切忌成为"标题党"，即标题非常吸引

人,但是用户看完文章内容后,觉得内容跟标题并没有太大的关系,就会有种被欺骗的感觉。好标题具有明确的指向性,能够吸引目标用户群,跟这篇文案无关的用户可以从标题筛选环节进行分流。

第二,好的标题往往能够引发读者的某种情绪或者心理反应,即"共鸣"。比如,引发用户的"同情""热爱""憎恨""好奇/疑问"等情绪。注意,不同的用户有不同的心理特点和认知焦点。针对现实、理性的成年人的标题需要突出现实因素考虑,针对大学生群体的标题需要轻松有趣。

(三)标题常用模板

写出好标题需要提炼文章的主要内容和中心观点,找到容易与文案的主题内容产生共鸣的用户人群及其情感需要,可以适当套用一些现成的模板。

1. 标题关联用户喜闻乐见的要素。例如,地标、名人、日常见到的事物,让用户产生熟悉的感觉。这种熟悉感觉的背后是唤起用户的情绪记忆,迁移到当下的内容,使用户产生共鸣并主动传播。

2. 标题融入数据。数字能够让用户获得对一件事的量化概念。只要在标题中涉及该数据,用户会将该数据与自己既有的经验中的数据进行对比,进而判断其内容是否值得一看。

3. 标题突出差异。利用与常规认知不一样的观点,引起用户的好奇心。

示例:"学会几招,让你的理财技能走上快车道。"

4. 标题场景化。在标题中融入目标用户的真实生活或工作场景,让人感同身受。每个人都有自己特定的生活轨迹,这些轨迹与时间、空间构成了独特的场景,比如挤地铁、吃美食、过年;细分到不同职业的人,也有不同的场景,比如一个每天在勤劳工作的普通白领,只能通过闲暇时间来理财等。

示例:"春节了,给妈妈的节日红包准备好了吗?"

5. 标题体现利益。在标题中戳中用户的直接现实利益点,突出对用户的好处,能够有效刺激用户进一步去了解、深挖内容的价值。

示例:"10月前办理信用卡,送价值1000元品牌加湿器。"

6. 标题突出悬疑。人类的求知本能让大家喜欢探索未知的秘密。此类标题应该具有趣味性、启发性和制造悬念的特点,驱动用户的好奇心。

示例:

"看到年度账单那一刻,我惊呆了!"

"不过是普通的一款产品,为何吸引那么多用户购买?"

"揭秘理财避坑小妙招"

7. 标题提问式。标题直接以问句的形式提出,引发用户的思考。如果这个问题恰好也是用户疑惑的,用户会为了得到答案而直接关注正文。

示例:"3个月如何实现理财收益率翻倍?"

【知识延伸】

常用标题表达句式:

1. 经验分享类:"如何体""读懂体""教你体""合集型"。

标题案例:
- 《理财小白必看:如何实现快速掌握理财技巧?》
- 《理财小白进阶之路:如何从零开始成为专家?》
- 《如何识别产品风险,获得超高收益?》
- 《7步教你玩转基金理财》
- 《一篇文章读懂基金理财》
- 《三种分享型经济模式的典型案例》
- 《年度理财收益最高的产品榜单》

2. 稀缺资源,让用户产生好奇和紧迫感。

标题案例:
- 《银行内部员工理财指南》
- 《基金经理投资体系揭秘》
- 《准确识别产品风险的秘密》

3. 福利帖,包括文字中体现"福利"或者用隐喻方式表达。
- 《年度理财榜单——献给不会理财的人的福利帖》
- 《【理财福利】金融行业投资"面面观"》

七、文案输出及素材整合

(一)输出让用户"有感"的内容

本步骤的目的是把前述步骤的构思和想法结合文案、图片、音频、视频等素材去呈现,比如通过文案写作,使内容充实和显性化。其中,文字是重要的表达载体,初学者需要着重训练让用户对文案"有感"的技能。这里重要的技巧在于将文案的观点描述转变成事实描述。

实际上文案表达需要达到的沟通效果是和用户像朋友一样。在描述时,需要把观点变成大量事实,把空洞形容变成具体细节描述,把观点、专业术语等陈述转化为场景化表达。用事实来辅助论证观点,使用户自己感知到结论,而不是灌输给用户。

【练一练】

以下五组文案对比,你更喜欢哪种表达方式,为什么?

A1:这是一门非常好的开发课程。

A2:据统计,这门课程的学员在一年内月薪平均提高了2326元。

B1:经典大片,震撼来袭。

B2:从构思到拍摄这部电影,他一共花了9年时间。为了实现逼真的虚拟动画效果,他和团队一共绘制了超过20亿个多边形。

C1:最极致工艺的钛合金手机边框。

C2：从一块钢板开始，它需要历经180道工序，35小时雕琢打磨，才能成为您手中仅重19克的手机边框。

D1：饕餮美味，全城罕有。

D2：平均来说，一顿饭的用餐时间是40分钟，但在这里，这个时间是1.5小时。因为，这里的顾客总会在吃完自己点的菜之后忍不住再加几道。

E1：配备顶尖技术，夜拍能力超强。

E2：能清晰拍出银河的手机。

（二）素材整合

当内容的结构、大纲勾勒出来之后，接下来需要做的工作是通过文字、图片、动画、音/视频等素材去贯彻和承载大纲所确定的主题方向。在此过程中，需要借助一系列的工具来处理图片、动画、音/视频等。

图片素材来源网址有昵图网等。昵图网是一个图片分享交流平台，网站以共享摄影、设计、多媒体文件为主要内容。

在线图形设计工具有创可贴等。用户可以使用创可贴平台提供的大量图片、字体、模板等设计元素，通过简单的拖、拉、拽操作制作出自己所需要的图片。用户可以将制作好的图片导出或分享。

GIF图制作工具有GifCam等。GifGam是一款集录制和剪辑于一体的GIF动画制作工具，录制后的动画可以逐帧编辑。借助GifGam工具，用户可以快速方便地制作演示教程或将视频的一些有趣片段制作成动画图片。

八、内容排版及聚合输出

在运营工作中，经常需要进行版面设计和宣传图片的版式设计，使产品信息的呈现与传播目标、传播对象的阅读习惯相匹配。因此，运营人员需要掌握基本的构图原则。

（一）构图的概念及构成要素

构图是造型艺术术语，即绘画时根据题材和主题思想的要求，把要表现的元素恰当组织，构成协调、完整的画面。成功的构图能使信息主次分明、主题突出、赏心悦目；反之，则会影响信息的传播效果。在以用户为中心的互联网运营中，需要对呈现给用户的信息进行合理组织，使用户获得良好、愉悦的视觉体验。

总体来看，构图主要是针对点、线、面三大要素的组织与安排，从而达成主观立意所设想的效果。

点：一般指比较小的形象元素，可以是一个符号、一个字迹或一个小色块，起到平衡、丰富、活跃版面的作用。这里的点是相对意义上的点，即在整个构图中呈现为点的形状特征，而不仅仅是几何意义上的点。

线：往往指一行文字、一条色带或留白，在版面构图中起到装饰、连接、平衡及分隔的作用。

面：指在版面构图中有明显长度和宽度的形象。实际运营活动页面中，面经常由图片构成，或者由连续的多行文字形成的段落构成。面在版面中所占的面积最大，视觉最强烈，是内容的主体部分。

（二）构图的原则

根据人类长期以来形成的审美特性，常见的符合人们视觉认知惯性的构图遵循如下原则。

原则一：重复与近似

该原则是指将几张相同内容及版式的面进行编排，因其形状、大小、方向、色彩的大体相同而在视觉上产生稳定、整齐、规律性的美感。重复和近似略有区别，近似是在重复基础上的轻度变异，比重复更加生动、活泼。

原则二：对称与均衡

对称与均衡是不同类型的稳定形式，能保持物体外观量感均衡，达到视觉上的稳定。对称是指轴线两侧图形比例、尺寸、高低、宽窄、体量、色彩、结构完全成镜面对称。对称的形态是最常见的视觉表达方式。均衡是指物体上下、前后、左右间各自构成要素具有相同的体量关系，视觉表达出秩序及平衡。

原则三：对比

对比是通过各种要素进行相互比较，以取得强烈的视觉效果。主要对比形式包括：一是形状的对比，比如大和小、多和少、粗和细等；二是色彩的对比，如深和浅、冷和暖、黑与白；三是明与暗的对比。

原则四：比例与分割

比例是事物的整体与局部及局部与局部之间的量度比率关系。分割一般是按照比例有目的地切割画面，形成富有节奏感的构图。比如黄金分割，就是实现画面完美分割的重要比例。

在比例与分割中，通常会使用留白的方式表达。留白是指除文字、图片等被编排的内容实体外，未放置任何内容的空间。留白会让阅读者有想象的空间。

【练一练】

针对在用户画像研究综合实训环节所确定的金融科技行业的研究对象，为其完成不同主题的元旦节内容策划及文案写作。

实训1：提到元旦节你会想到哪些关键词？请使用头脑风暴的方式，发散涉及元旦节的各种内容元素，并整理元旦节内容元素思维导图。

实训2：

活动主题1："晒_____得/赢/享_____"。

步骤：

（1）根据元旦节内容元素思维导图，为本次活动选取合适的元旦节意象及内容元素。

（2）以参加活动的行为获得奖励为叙事结构，设计本活动的叙事大纲。

（3）为本活动设计一句合适的主题句。
（4）完成文案写作，并作为作业提交。

实训3：

活动主题2："过去一年，你最_____的是什么？"或"过去一年，最让你_____的是什么？"

步骤：

（1）根据元旦节内容元素思维导图，为本次活动选取合适的元旦节意象及内容元素。

（2）参考"提问—回答1—回答2—回答3—总结"的平行叙事结构，设计本活动的叙事大纲。

（3）为本活动设计一句合适的主题句。

（4）完成文案写作。

实训4：

活动主题3：关于"年度盘点/年度总结/年度回顾"。

标题参考："一年又一年，那些_____"或"一年过去了，_____怎么样了/还好吗？"

步骤：

（1）根据元旦节内容元素思维导图，为本次活动选取合适的元旦节意象及内容元素。

（2）采用"开始/铺垫—情节1—情节2—情节3—结尾"的递进式叙事结构，设计本活动的叙事大纲。

（3）为本活动设计一句合适的主题句。

（4）完成文案写作。

实训5：基于递进式叙事结构，写一段以自己人生体验为基础的故事文案。

步骤：

（1）故事结构为"背景信息—障碍1/解决方案1—障碍2/解决方案2—障碍3/解决方案3—结局"。

（2）故事的主角是自己，以第一人称"我"进行描述。

【课后思考】

1. 分析内容的三种生产方式的差异。
2. 分析内容的生产步骤。

第七章

金融科技新媒体运营

【学习目标】

□ 知识目标
1. 了解新媒体的定义及其传播特征。
2. 了解新媒体运营的概念、载体。
3. 了解新媒体运营存在的问题及优化策略。

□ 能力目标
1. 能够对新媒体运营案例进行分析并提出优化建议。
2. 能够运营微信公众号并完成相关数据趋势分析。

□ 素质目标
1. 培养学生在新媒体时代正确辨别信息的意识。
2. 培养学生正确分辨新媒体传播价值观的意识。

第一节 新媒体运营概述

一、认识新媒体

（一）新媒体的定义

新媒体的本质仍然是媒体，新是相对于传统媒体而言的新形态、新形式的媒介载体。新媒体是伴随移动互联、智能终端等技术的发展而兴起的媒体形态。新媒体的概念宽泛，主要指新时代利用数字技术、网络技术，通过互联网、宽带、无线通信网等渠道，以及计算机、手机、数字电视机等终端，向用户提供信息和服务的传播形态。随着以人工智能、VR/AR 为代表的新兴技术的发展和成熟，基于这些技术的新媒体形态将继续涌现。

（二）新媒体传播的特征

相对于报纸、杂志、广播、电视这四大传统意义上的媒体，新媒体被称为第五媒体。除了支撑技术与传统媒体不同，新媒体区分于传统媒体的重要特性在于传播力的提升和互动性的跨越。相较于传统媒体，新媒体具有鲜明的特征，主要表现为去中心化、高时效性和可订阅性。

1. 去中心化

传统媒体更多的是以单向传输信息为主，媒体处于强势的中心地位，媒体决定着受众接受什么样的信息，即始终存在一个中心信息源负责发布信息，其他节点处于被动接收信息的位置。而新媒体基于互联网开放共享的特性，其信息的生产、传播和接收呈现网络状结构，任何节点既可以是信息发送者，也可以是信息的接收者，而且在信息传输过程中，每个节点的用户可以随时对信息进行反馈、评论、补充和互动，用户可以有权利参与到信息生产和传播的全过程。去中心化的特征使新媒体传播过程中并没有一个固定的处于权威地位的中心节点，而是呈现一种动态的多向互动结构。

2. 传播效率快

新媒体去中心化的信息生产和传播结构，使其传播主体的信息生产和传播效率极大提升，打破了传统媒体定时传播的规律，真正具备了跨时间、跨空间的传播，实现了新媒体资讯随时发布、即时传输。未来借助人工智能技术，新媒体的传输效率会进一步提升。

新媒体的高时效性使网络信息爆炸式发展，也相应地带来信息质量不高、虚假信息混杂等问题。

3. 传播内容趋短小

新媒体时代，信息内容被空前打成碎片或颗粒，信息容量尽量压缩到最小，信息阅读时长尽可能缩短，这是用户阅读效率和传播空间更加灵活的取舍结果。当然，"短小碎"的信息并不意味着对长篇大论进行切割，而是要求每一个碎片化信息也能满足用户的新信息搜索需求。

4. 精准传达与可订阅性

基于大数据和机器学习技术，新媒体可以对其受众群体进行精准画像，并为其匹配和推送合适的信息，能够实现信息内容与受众需求、兴趣的精准匹配和自动化即时推送。用户可以通过新媒体自主定制自己需要的信息内容，即每个新媒体受众最终接收到的信息组合是多样化的。

二、认识新媒体运营

（一）新媒体运营的定义

新媒体运营是通过利用基于互联网的微信、微博、今日头条等新兴媒体平台进行产品宣传、推广、营销的一系列运营手段和过程。通过策划品牌相关的高度传播性的内容和线下活动，向用户或潜在用户精准推送消息，充分利用粉丝经济效应，达到相应的商业价值转化的目的。

但是这里需要注意，新媒体只是品牌的宣传阵地，自有平台的用户才是可掌握的用户。通过自有平台可以对用户数据、资料等进行多维度分析，诸如微博、微信等新媒体平台的粉丝离自有平台用户还有一定的距离。

所以，新媒体运营的本质是互联网运营，它是根据运营所依赖的媒介渠道的不同而界定的一种运营类型，其工作内容仍然是围绕活跃用户提升用户价值而展开，仍然会应用到内容运营、活动策划以及数据分析的相关技能和知识。

（二）新媒体运营的载体

按照新媒体平台的内容属性或技术形态等侧重点，将新媒体运营的载体分成以下两大类。

1. 社交媒体平台

社交媒体平台主要是指互联网上基于用户关系的内容进行生产与交换的平台。网民利用社交媒体自发贡献、提取、创造信息资讯，并完成信息的传播。现阶段的社交媒体包括社交网站、微博、微信、博客、论坛等。

微信和 QQ 更多的是基于社交附加的媒体属性。微信公众号只有被关注才能收到其推送的消息。因此，微信是窄传播、深社交、紧关系的社交圈，是建立在好友关系基础上的封闭社交圈。

而微博像一个广场大喇叭的功能。当用户看到感兴趣的信息时，只需要一键转发到微博即可，信息瞬间就能发到微博里，任何一个人都能看到，形成病毒式传播。微博的社交关系特征是广传播、浅社交、松关系，人与人之间不需要特定的关系维系，任何人都可以发表消息，任何人都可以围观。但是微博提供了很多的互动功能，比如投票、群功能等。

2. 支持用户生成内容的信息资讯平台

适合新媒体运营的信息资讯类平台是指支持 UGC（User Generated Content，用户生产内容）内容生产模式的媒体平台。目前主流的 UGC 信息资讯平台主要有今日头条号、百度百家号等，还有一些新闻门户网站推出的自媒体号，如凤凰自媒体、网易自媒体等。

除了上述两种形式外，还有基于视频媒体平台、音频媒体平台、知识媒体平台开展的新媒体运营。视频媒体平台是指以视频形态生产和传播信息内容的新平台，主要分为视频分享网站和直播平台；音频媒体平台是指以音频形态生产和传播信息内容的新媒体平台，可以以录播语音或直播语音的方式呈现；知识媒体平台主要是以传播科学严谨的知识信息为主的平台，包括以得到 App 为典型代表的通过 PGC（Professional Generated Content，专家生产内容）方式生产内容的平台和以知乎为典型代表的通过 UGC 方式生产内容的平台。

上述分类并不是说各个分类的媒体截然不同，实际上多媒体是用户获取信息的媒介常态，绝大多数的信息资讯类平台支持视频、音频内容的生产和传播。

（三）新媒体运营岗位职责

一个合格的初级新媒体运营岗位人员的职责如下：

1. 负责移动互联网新媒体平台（微信、微博等媒介）的日常运营及推广工作；
2. 独立运营各种公众号，为粉丝策划与提供优质、有高度传播性的内容；
3. 负责策划并执行新媒体营销日常活动及跟踪维护，根据具体项目需求上线活动及内容；

4. 挖掘和分析用户的使用习惯、情感及体验感受，及时掌握热点事件，完成对应专题策划。

【案例】

在微信公众号出现之前，博客曾经带动了Web2.0时代的浪潮。但由于博客对写作者的要求较高，且进入门槛很高，所以它并没有彻底瓦解传统媒体的生态。2009年起，微博逐渐发挥解构传统媒体的功能。微博的强大不是因为它的社交属性，而是因为社交网络机制的媒体属性和开放的双向式社交媒体属性。但微博开放性、短信息（140个字的信息长度限制）、难沉浸的特点，使其内容迅速碎片化。此外，商业变现模式成为持续困扰微博发展的重要未决问题。

微信公众号的推出，通过订阅的功能实现了"既让足够多的人看到，又让人能够选择"的两难问题；微信的公众平台连接了所有主体（服务和内容提供方），形成丰富的内容生态，是微信商业化的土壤。随着微信公众号的普及，自媒体的概念再次传递给公众，许多传统媒体在公众号上开辟新的传播阵地。公众号中的订阅号用户不仅属于微信，还属于订阅号的作者，即之后所定义的私域流量模式。而之后去KOL的战略使微博向公域流量发展。这种公域和私域相互补充的发展状态，最终形成了中国社会的社交大网络，为基于社交元素进行创业的创业者提供了机会。

三、新媒体运营存在的问题及优化策略

（一）新媒体运营存在的问题

第一，用户的注意力过载。新信息的数量快速增长，信息的类型不断丰富。但是，用户的注意力有限，除去工作和休息外的时间，用户留给某个新媒体内容的时间非常少。所以，新媒体运营存在的客观问题在于如何让用户在海量的信息中能够关注到你所传递的内容。

第二，内容或活动同质化导致审美疲劳。如果长期给用户推送相同性质、相同形式的内容或活动，用户会逐渐失去对同类型信息的兴趣，增加厌烦心理。因此，新媒体运营的内容如何推陈出新也是需要重视的问题。

第三，内容供需错位。所谓供需错位，是指新媒体运营者提供的内容不是用户需要的。企业过多关注和重视新媒体的媒体属性，即只把它当作传递信息的媒介，至于信息是否符合用户的需要则关注得比较少。比如，企业的公众号如果做成企业内刊，那么其内容对消费者来说价值不大，慢慢会被用户所遗忘。最终，满足用户需要的内容才可能有长久的生命力。

（二）新媒体运营优化策略

第一，定位产品化。运营者需要对新媒体进行重新定位，以用户为中心。只有当新媒体能够持续满足用户的某个需求，快捷有效解决用户的某个问题时，用户才会时

刻关注它。明确了一个新媒体产品的定位后，后续一系列运营过程都围绕定位进行。例如，一个公众号的定位是"给孩子讲故事"，那么，后续的内容就必须符合这个定位，不能今天推送故事，明天推送时政新闻。后续的信息形态也应该考虑用户使用的场景，关注该公众号的家长一般是希望获取更多的故事素材，如果能够提供文字阅读和音频播放、视频播放等多种形式结合的内容，那么家长会长期关注并使用该公众号。

第二，内容品质化。在用户注意力过载的现实情况下，只有精品内容才会被关注。物以稀为贵，用户对稀缺的内容总是给予更高的评价和关注。内容的品质体现在内容的性质、信息、呈现形式、传播方式等。比如，一些公众号在每天早上6点准时向粉丝推送不同时长的语音，在语音中会浅显易懂地引入时下的热点话题，吸引用户关注。通过这样的方式，用户可以在起床后用很短的时间判断当天的内容自己是否感兴趣，如果不感兴趣，就不用打开文章。这样的内容呈现方式，充分为用户着想，节约用户的时间，还充分让用户行使自由选择内容的权利。

第三，运营数据化。新媒体在网络传播上的痕迹，可以方便实现对信息传播过程的数据化记录。这些数据可以帮助运营者时刻把握用户的需求变化，动态调整运营策略。目前，主流的新媒体运营平台提供了基于该平台传播过程的详细数据化管理后台，包括关注的粉丝数、图文阅读数、图文转发数等。

第二节　微信公众号运营综合实训

一、创建公众号

（一）登录微信公众平台官网注册一个微信公众号

注册过程中，需要填写"账号名称"和"功能介绍"文本。

（二）对公众号进行功能和目标人群的定位

虽然注册过程填写的信息比较少，但是创建者需要开始对公众号进行定位，"账号名称"需要符合定位。"功能介绍"需要简练且能突出公众号的功能特色。

明确公众号面向的目标群体有哪些特征，尽可能对其做用户画像描述，确定要解决目标用户的哪些核心问题。

二、生产第一篇内容，获取首批用户

1. 利用思维导图工具，围绕该主题进行文章内容结构建构，设置合理标题，完成第一篇内容的写作。

2. 可以通过一些图片素材网站，收集文章所需要的配图素材，使用图片处理工具进行适当修改。

3. 使用排版工具，选择一个符合文章主题的版式模板，对文章进行排版，使其结构更清晰，版式符合阅读习惯。

4. 排本就绪后，将文章发布，并分享到社交媒体，获取第一批自然来源用户。

三、策划拉新活动

1. 确定活动目标。
2. 拉新活动具体实施方案包括活动形式、活动规则、活动针对用户的利益点。
3. 利用图片工具制作本次活动传播页面。
4. 活动发布后,关注每日新增粉丝的变化趋势,制作一个7日粉丝增长趋势图。

四、常态化运营

常态化运营的过程,就是不断拉新、促活、留存等运营动作实施的过程,进而在运营中不断塑造公众号的品牌,提升其影响力。

1. 规划公众号的栏目及细分栏目并为其命名,定义该栏目的主要服务及特点。
2. 规划内容的生产、传播的标准化流程,确定内容生产的来源、方式、时间、步骤等,确保内容有持续而稳定的输出。

五、价值转化

当公众号通过持续输出有价值的内容、提供有价值的服务吸引更多的用户关注且有大量流量时,可以考虑商业变现。通常,变现方式有以下两种。

1. 众筹打赏。为扶持优质内容,满足微信公众号平台关于原创内容一些条件的情况下,可以开通赞赏功能,接受人们通过微信支付直接实现打赏。
2. 原生广告。该模式是在公众号提供的内容里直接嵌入广告。当然,硬广告会影响用户的阅读效果,广告最好是经过精心设计,巧妙融入内容之中。

【课后思考】

1. 简述新媒体的特征对新媒体运营方式的影响。
2. 选定一款有微信公众号的金融科技产品,完成如下任务:
(1) 分析该产品通过微信公众号传播的人群定位。
(2) 策划两篇推文。

第八章

金融科技用户成长体系搭建

【学习目标】

□ 知识目标
1. 了解用户成长体系的概念及构成。
2. 了解用户行为激励的结果。
3. 了解用户成长体系搭建的原则。

□ 能力目标
1. 能够完成会员等级体系的设计与实施。
2. 能够完成荣誉奖励体系的设计与实施。
3. 能够完成积分任务体系的设计与实施。

□ 素质目标
1. 建立用户成长体系设计过程中的成本意识。
2. 培养学生分析问题、解决问题的能力。

第一节 用户成长体系概述

一、用户成长体系的产生与发展

（一）用户成长体系的产生背景

在传统工业时代，企业与客户之间的关系随着销售行为的完成而终结。而在互联网时代，很多互联网产品提供免费的基础版本，用户购买增值服务成为主要的盈利模式。此外，大量用户形成的流量规模优势，成为企业通过广告盈利的主要基础。因此，互联网时代的企业需要与用户维持长期的良好关系，相互依赖、互利共生，不再是"一锤子买卖"。

但是，当一款产品的用户达到一定的规模后，可能会因为产品的服务能力、用户需求变化等因素导致用户流失，当然，也会存在一些用户仍然是产品的忠实追随者。这就要求运营者对不同类型的用户进行识别并重点维护，尤其是在大规模用户背景下，依靠手工的方式很难开展大规模用户分级管理，而是需要借助系统化工具搭建用户成长体系。

简单来说，用户成长体系是按照用户与产品的关系紧密程度将其分类分级，采用不同策略进行有针对性的经营，促使用户自发地由低级别向高级别转化。

通常一个产品的用户体系由低到高包括潜在用户、普通用户、核心用户和铁杆用户。用户级别越高，其数量越少。潜在用户是指产品所面向的目标人群，其规模是最大的；普通用户是包括注册用户在内的初步使用产品的用户，用户与产品建立的关系比较薄弱，用户随时有可能流失；核心用户是长期稳定使用和依赖产品的用户，这部分用户已经习惯通过产品解决自己的问题，是产品盈利的主要对象；铁杆用户不仅忠诚于产品，而且在用户中具备一定的话语权，一般被称为关键意见领袖，即 KOL (Key Opinion Leader)。

如果用户仅仅使用产品，长期没有任何产出，对产品来说该用户的价值比较低，因此用户运营的一个重要任务是引导用户产出。当用户逐渐理解产品背后的故事和价值并建立产品与竞品之间的差异化认知后，产品就进入品牌化发展阶段。品牌溢价是产品不断放大在用户心目中的价值的发展结果。

（二）用户对奖励的预期

用户对奖励的预期有多种类型，包括社交奖励、物质奖励、自我奖励。

• 社交奖励是指来自他人的认同，源自我们和他人之间的互动关系。例如，信息时代用户在信息流中不停搜索新鲜内容，而对于内容提供者来说，他们的奖励预期来自别人的点赞、关注和评论等。

• 物质奖励是指资源、信息、金钱等。

• 自我奖励是个体自我挑战过程中获得的愉悦感，包括操控感、成就感、胜任感等。

当用户对某个行为的发生产生奖励预期后，用户会以实际行动开始投入。比如在微博上，用户投入的表现形式是跟帖或转发。用户投入形成了用户的独特价值，以数据资料、内容、关注者、信誉或技能的方式显现出来。对于用户目前有能力达成的行为，人为制造外部动机，给予用户最简单易操作的触发点。对于用户目前没有能力达成的行为，通过制造动机并触发提升能力来培养用户行为。

（三）用户成长体系构成

用户成长体系如图 8-1 所示，包括用户行为、经验积累、成长、等级提升、身份/荣誉、特权或积分。简单来说，分成三个部分：用户行为是过程，用户行为结果包括等级和利益。等级的外在表现形式为会员等级，身份或荣誉是用户精神利益的主要表现形式，特权或积分是用户物质利益兑现的主要形式。

在互联网产品的用户成长体系中，驱动用户成长的动力来自用户所完成的任务或行为。用户只有发生了具体的行为，完成特定的任务，才能得到相应的奖励（积分、成长值等）。通常用户所需要完成的任务类型包括以下几类。

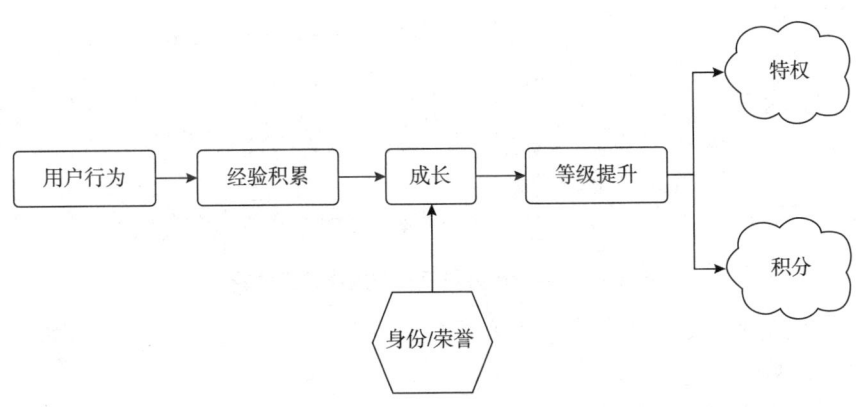

图 8-1 用户行为与用户激励

1. 新手任务

新手任务是专门为初次注册或使用产品的用户设置的任务,其主要目的和作用有两个:第一,引导用户更快速地进入使用产品的状态,大部分新用户第一次使用产品时,内心都是既陌生又好奇的,需要有一些激励推动用户去尝试探索;第二,通过新手任务激励用户完成产品后期正常使用所需要提供的一些关键信息,比如银行卡绑卡、填写风险测评信息等。

2. 日常任务

日常任务是需要用户经常性完成的一些重复性任务。设置日常任务的目的是激励用户更主动、更高频地去使用产品,达成提升用户的活跃度、促进用户留存的运营目标。这里的日常任务扮演的是利益点角色,给用户一个经常打开和使用产品的理由和动力。

常见的日常任务的用户行为有登录、签到(单次、连续)、点赞、收藏、评论、转发等。

3. 关键核心任务

关键核心任务是指那些能够激励用户持续性使用产品核心功能的任务,提高用户使用频率。比如,网易云音乐产品的关键核心任务是听歌,因此,激励用户提升听歌的数量是任务的具体内容。

4. 节日时令活动任务

该类型的任务是在一些特殊时期和节点才有的任务,这类任务一般是配合完成某个运营指标而设置的,活动时效性很强,形式丰富多样,与日常活动的玩法有所区别,尽可能避免让用户产生疲劳感。

用户行为会带来不同的结果,但是每个结果之间的相关性不同(见图 8-2)。

R1:用户行为会带来等级提升,等级提升的系数通常与用户不同的行为或不同的来源渠道有关。

R2:用户行为会带来积分的增长,积分增长的系数通常与用户不同的行为或不同的来源渠道有关。

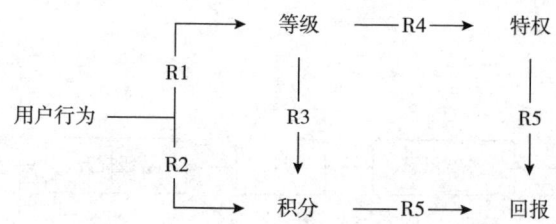

图8-2 用户行为与用户激励结果相关转化

R3：等级与积分之间可能存在关系，积分越多等级越高；也可能并无关系，积分与等级分开计算。

R4：等级提升会带来特权。

R5：特权与积分都有可能带来回报，之间可能有关联，也可能没有关联，各成体系。

二、用户行为激励结果类型

（一）会员等级

会员等级是用户对平台或产品贡献程度的一种映射，是一种平台或产品所赋予的独特身份。该身份可以阶段性进行调整，不具有连续成长的能力。通常会从是否实名认证、资产水平多少、活跃程度大小等角度，对用户的身份进行划分和标识。

不同会员身份的用户，其权益或利益不同。用户看中会员身份背后的权益，脱离权益的会员，其本身所体现的符号意义是无效的。会员等级是特权体系的基础和依据。

常见的会员权益体现在以下方面。

1. 定期发福利

福利是提供给用户的额外利益或奖励。通常新用户注册环节、老用户推荐新用户等场景已经设置了专门的激励措施；此外，还有折扣、积分等针对老用户的福利。在一些特定时点，如周年庆、节假日等时间节点，平台可以给予所有用户普惠性福利。

2. 享受特权

特权是给予部分用户以不同于其他人的特有权利，一般需要和用户的等级体系配合起来使用，等级越高特权越大。给予一部分铁杆用户和核心用户特权，能够激发其内在的身份认同感和自豪感，更加强化对产品的忠诚和依赖。这种方式常用于一些社交性质比较强的产品中。

3. 获得积分或者积分的增长系数差异化

积分是互联网产品对用户行为的一种价值表示，即用户只要在产品中发生了一些特定的行为，就能够获得相应的积分。当然，只有当积分可以兑换相应价值的实用物品时，积分的激励才能发挥效果。积分方式是激励用户的重要手段，是目前用户成长体系中最常用的方式。

（二）精神利益表现——荣誉称号

一些金融类产品会根据用户的资产水平进行等级划分，分为黑卡用户、金卡用户、银卡用户、普通卡用户等。大多数社交类互联网产品会以活跃度来衡量用户,赋予用户"达人""超级 VIP"等称号,并在 App 的用户头像位置以小标签的形式展示。

(三)物质利益表现——特权或积分

1. 特权

特权是根据用户在产品平台活动中所获得的等级、身份的不同,分别给予用户的不同的权限和权利。例如,拥有一定等级的用户可以开通一些高级功能;再如,在一些内容社区类产品中,高级别的用户发帖可以带附件;在一些网盘产品中,高级别用户可以获取更大的网盘容量。

2. 获得积分及积分消耗

积分与积分商城配套一起使用。积分商城就是专门消耗用户积分的商城,即用户可以用自己在产品平台上挣得的积分在积分商城里消费,购买各种与产品属性相关的商品。积分通过兑换等方式消耗后,刺激用户再去参与相关任务活动以赚取积分。因此,消耗积分成为重要的运营策略。经常采用的消耗积分的策略是抽奖。抽奖借助了用户的博彩心理,很多平台推出了"小积分抽大奖"的活动,不仅可以消耗积分,还能通过获奖概率控制成本支出。

以一些电商平台的积分体系为例,用户可以通过购物、评价商品、晒单、交易满意度等方式获得积分,用户获得积分后通过兑换购物优惠券、直接进行购物抵扣等方式消耗积分。这样的设置,使用户在电商平台购物消费越多,获得的积分越多,拥有更多的积分就能兑换更多的实惠和利益,有了更多的利益,会更加吸引用户多去平台上赚取积分,从而形成良性循环,既提高了用户的活跃度又提高了用户的留存度。

不难看出,用户成长体系的入口是用户的任务设置,用户成长体系的出口是用户的收益兑现,不同产品功能属性可配置不同的权益,具体如表 8-1 所示。

此外,在入口和出口之间,还涉及用户成长价值的换算,实现成本可控。此外,还需要对积分通货膨胀、恶意刷分等情况予以特别考虑。

表 8-1　　　　　　　　　不同产品功能属性与可配置的权益

产品功能属性	可配置的权益
交易型	提供各种不同的额度,不同的折扣、优惠
工具型	提供各种功能特权作为权益
涉及服务型	提供各种品质、深度有所差异的增值服务作为权益
社交/社区型	提供各种特殊身份标识、功能特权、专属社交圈作为权益
通用	各种定期专属福利(奖品、专属活动、专人服务)作为权益,获得不同倍数的成长值作为权益
	自身所拥有的合作资源,比如信用卡、贵宾厅服务等

三、用户成长体系搭建原则

好的用户成长体系对于提高用户忠诚度和用户黏性具有巨大的价值。因此，需要遵循一定的原则，设计真正有利于用户价值和产品价值最大化的用户成长体系。

（一）注重用户体验

坚持从用户立场而不是从运营目标实现的角度出发，是搭建用户成长体系的首要原则。例如，一个理财社交类 App，它的运营目标是希望用户多生产内容，提升用户的活跃度，因此在策划用户积分任务时，直接要求用户每天在社区发表 5 条评论，这样只强调数量、不强调质量和意愿的要求，会让用户厌倦这条规则。

（二）体现业务特征

应尽可能结合产品自身的业务类型所特有的属性设计用户成长体系，有利于与产品本身形成强关联。例如，一个理财 App 的日常任务与理财行为相关，比如查看收益的时长、次数等。

（三）利益可感知

所谓用户成长体系，本质是激励用户通过在产品中发生一系列行为后获得相应奖励的过程。这背后分为用户对奖励没期待、用户对奖励有期待两种情况。前者是指用户在产品内部发生的行为是自然而然的，是用户主动愿意发生的行为，给予奖励是一种锦上添花的效果。比如在微信阅读 App 中阅读时长可以换取免费阅读天数，对于阅读时长较多的用户来说，通过阅读可以换取实实在在的福利。后者是指用户是因为想获得奖励而去发生的行为，属于奖励驱动，这类用户会对奖励进行充分衡量。

建立积分体系进行用户运营时需要特别注意以下几点：第一，用户完成任务后的奖励要有便捷的兑换渠道和方式，让利益方便地获得。第二，积分必须有价值，赠送给用户的积分，用户必须能够将其派上用场，无论是兑换虚拟物品、实物礼品，还是抽奖，甚至抵扣现金购物，总之要让用户感受到积分可以带来的实实在在的价值。会员的需求和企业所提供的利益要匹配，因为无论企业提供的利益有多大价值，如果不符合会员的需求，会员也会缺少参与动力。第三，需要激发小额积分用户的活跃度，用户如果不使用积分，积分的激励意义就不存在。现实情况是，大量的用户持有的积分数并不高，需要用各种方式创造场景让用户把小额积分用起来。用户认为积分有用，才有动力去攒积分，进而加强与产品的互动。

（四）体系设计可持续

因为用户成长体系与等级相关，等级设置的个数需要前瞻性考虑；等级较少时，考虑成长值达到顶峰的用户的处理机制。成长体系的奖励要进行测算，奖励的兑换体系的兑换比例要能够便捷调整。会员在使用会员系统时付出的成本要与所得到的收益对等，否则会员系统就缺少吸引力，会员使用的效率也会大大降低。反过来，如果企业给予会员的收益远远多于会员所付出的成本，虽然可以激励会员更加频繁地使用会员系统，但会加大企业的负担，对企业资源也是一种浪费，不利于资源的优化配置。

会员系统的资源交换本质决定了这是一个"双赢"的系统，因为只要有一方无法获利，那么交换就无法完成，会员系统也就形同虚设。既然是"双赢"的系统，那么要想使企业利益最大化就需要充分利用企业的所有资源（见图8-3）。

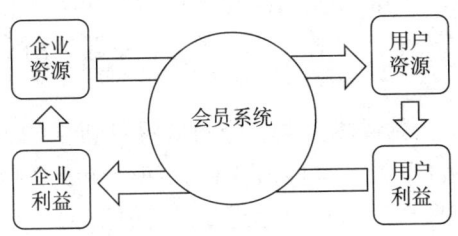

图8-3　会员系统的价值循环

会员系统主要从两方面提高企业的经营利润：一是通过优惠来刺激消费者消费，从而直接提高成交总额；二是通过对用户之前的投入进行量化，辅以配套的政策来增加产品的黏性，促使用户重复消费从而间接提高成交总额。

四、常用的用户成长体系搭建的实用工具

（一）用户信息管理工具

运营人员需要面对数以万计的用户，在平台后台的运营管理支撑系统不完善的情况下，可以借助第三方的用户信息管理工具，比如麦客CRM。

麦客CRM是一款免费对用户信息进行收集整理以及拓展新用户的表单工具。

1. 信息收集功能。麦客CRM可以通过简单拖动组件框，配置想要收集的信息项，帮助运营人员完成运营活动报名、用户调研投票、问卷反馈调查等。基于运营人员经常通过微信等社交媒体进行信息收集的场景，运营人员可以将麦客CRM的表单链接直接添加到微信菜单栏或分享到社交媒体。

2. 数据统计功能。麦客CRM可以实现自动统计报表，便捷地导出和处理数据。

3. 联系人管理功能。使用麦客CRM表单填写信息后，相关的联系人数据项会沉淀到麦客CRM联系人模块，实现对用户的灵活管理。经过管理后的联系人信息可以作为新用户拉新或老用户推荐的来源。同时麦客CRM支持对联系人的行为进行分类分级，实现对联系人的精细化管理。

（二）积分商城服务工具

在实际运营中，运营人员并非一定要自行开发活动任务和积分商城系统，也可以借助第三方服务工具实现积分商城的搭建和运营，以及活动任务的管理配置，节省产品、技术的开发时间，缩短活动上线的周期，提升运营的工作效率。以目前行业内为平台提供第三方积分商城搭建和运营的产品兑吧为例说明如下。

兑吧拥有三大核心工具产品——积分商城管理工具、活动配置工具、签到工具。

1. 兑吧后台提供多套积分商城首页皮肤、布局方案，实现积分商城页面与App的整体用户界面无缝适配。

2. 产品运营方可以从兑吧公用产品库中选择和上架商品，也支持上架自有商品。同时奖品管理支持多种功能配置，如预设上架、下架时间，设置兑换数量限制、用户等级限制等。

3. 提供趣味性、多样化的活动工具。兑吧后台提供多种活动工具模板供第三方产品使用，比如摇一摇、大转盘、秒杀、限时限量、专题、刮刮卡等活动工具模板，实现积分商城趣味性运营。

4. 提供数据报表功能。兑吧能提供积分商城每日新增的独立访客数（UV）、页面浏览量（PV）、每日兑换订单量、每日消耗积分和金额、用户积分分布、活动数据等数据报表，帮助运营者掌握用户在积分运营方面的数据。

5. 提供简单客户端接入端口。通过服务端对接 API 接口，客户端嵌入积分商城的 H5 页面，即可实现简单对接。

【知识延伸】

周边产品运营小妙招

周边产品原指利用动画、漫画、游戏等作品中的人物或动物造型，经授权后制成的商品。我们把周边产品用来泛指蕴含着产品品牌形象的公仔、玩偶等。一般周边产品分为硬周边和软周边，像扭蛋、挂卡、模型、手办这样没有多少实用价值、纯观赏收藏的被称为硬周边，相对价格较高；常见的借用某个动漫形象生产的具有一定实用性的如文具、服饰、钥扣、手机链等商品被称为软周边，相对价格便宜。而对于互联网产品来说，应用得较多的是成本较低的软周边产品。

周边产品的设计涉及品牌名称、标语、吉祥物的名称、吉祥物的形象设计、供应商、积分商城、用户奖惩制度等。

如果周边产品做得出彩，让用户感受到其独特性，就可以成为用户建立强烈品牌认知的重要媒介。周边产品是在用户体系搭建中，将荣誉激励和物质激励两者相结合的产品。周边产品通常作为激励机制出现，可以极大增强用户的荣誉感，驱使用户努力去获取，在奖励个体用户方面，在配合相应的传播活动的情况下，周边产品也可以视为个人荣誉的象征。

用户有典型的"集邮"心理，就像用户会收集各种勋章一样，也许收集的产品没什么实际作用，但是乐趣在于收集过程本身。尤其是当收集的周边产品需要通过竞争和努力才能得到时，某种程度上，该产品意味着相应的成就感。这对于丰富周边产品的多样性、提供周边产品套装等特色产品有启发。这里需要注意的前提是周边产品应具有稀缺性，不能无限制供给。

周边产品本质上是满足用户的收集癖，实际上用户体验的是存在感、荣誉感、他人对自我的认同感等精神层面的追求。

第二节 会员等级体系设计与实施

一、典型会员权益体系设计案例分析——招商银行会员体系

(一) 会员等级规则

1. 会员等级与成长值

招商银行的会员等级体系为 M+体系，M+会员由用户成长值决定，共分为9个等级（见表8-2）。该体系于2020年11月推出，不同的会员等级享受不同的会员权益。

表8-2　　　　　　　　　招商银行会员等级与成长值　　　　　　　单位：元

等级	达到该等级的成长值门槛
M1	0
M2	5000
M3	10000
M4	50000
M5	200000
M6	500000
M7	2000000
M8	5000000
M9	10000000

注：这里成长值的换算并不直接等于投资理财金额，会员成长值有具体的换算公式。

2. 招商银行会员的成长值获取方式

成长值是决定会员等级的虚拟数值，包含资产成长值、基础服务和活跃任务三个部分。

$$成长值 = 资产成长值 + 基础任务 + 活跃任务$$

三大类任务所获得的成长值的有效时间区间不同。

(1) 资产成长值。资产成长值是指除第三方存管外的所有资产在上个月的日均资产值，按照1:1折算为成长值。有效期为1个月，每月月初更新。

(2) 基础任务。基础任务主要指只能完成一次，无法累计或重复完成的任务，包括绑定银行卡（招行借记卡、招行信用卡等）、实名验证、风险评估、首次购买理财产品等行为。完成基础任务所获得的成长值限一次，但是永久有效。

(3) 活跃任务。活跃任务是指除资产提示和基础任务外的其他任务，在等级有效期内的成长值累计，到期后清零。

3. 等级更新规则

等级有效期为90天（自然日）。M+会员等级由当前成长值决定，从会员开通、升级、降级日开始计算。例如，小明于2022年1月1日开通M+会员，且当前成长值为279800，则在1月1日该用户的会员等级为M5，有效期至3月31日。

用户成长值的变动对于降级和升级的影响为：符合升级条件则当日完成升级，降级需要等待当前等级有效期结束后进行变更。

成长值实时核算，当累计达到下一等级门槛时，立即升级；且升级后的等级有效期重新开始计算。

若在有效期内，用户的成长值减少，且小于当前等级门槛，会员在有效期内保持当时的级别不变，待下一个计算周期再更新会员等级。例如，小明于2022年1月1日成长值为279800，在当年的2月1日其成长值减少为112600，那么小明的会员等级仍然为M5，待下一个计算周期后再根据当前的成长值进行计算。

（二）会员权益

招商银行的会员权益包括17项，等级越高享受的权益越多（见表8-3）。

权益1——黄金红包

该权益是一种可兑换成黄金活期份额的权益，兑换份额（克重）以红包卡券的形式发放给用户，可兑换的黄金的份额单位为克、毫克、微克等。金价会随着市场实时波动，黄金总市值按照金价和克重计算。兑换黄金红包时，用户需要完成黄金开户并满足风险测评等级的相应条件，方可兑换成功。

权益2——财富管家

该权益是指用户可以在线或电话咨询理财产品、资产配置等财富管理问题，招商银行提供一对一的专属服务。

权益3——生日礼

该权益仅限生日当月享受。当月生日用户使用招商银行一网通登录手机银行，即可参与抽奖，奖品包括不同面额的商城券、实物券等。按年度为单位，在自然年度区间内，每个用户可参与1次。所有商品仅限在有效期内使用，过期失效。奖品数量有限，先到先得。

权益4——视听优享

该权益是指会员可以领取各大线上平台的会员权益的通用抵扣券。每月限领1次，有效期15天。

权益5——个人征信报告

该权益是指会员可以通过招商银行手机银行查询简版的个人信用报告。

权益6——掌上商城

该权益指会员可以每月领取5~50元不等的商城满减券或品牌专享券。

权益7——还他行信用卡借款

该权益可以无限次使用，还款零手续费，实时到账。

权益8——好期贷优惠

该权益是指会员每月可以领取不同折扣的借款利息折扣券。该优惠券仅限于好期贷产品。用户需要提前申请好期贷的额度。

权益9——信用卡分期

该权益是指会员每月可领取1次分期还款优惠券。每笔订单仅限使用1张优惠券。

办理账单分期 3 期，分期金额 1000 元以内享手续费全免，超出部分按申请页面显示的金额收取手续费。

权益 10——e 招贷优惠

该权益指会员可以每月领取 e 招贷的手续费抵用券。每笔 e 招贷业务订单仅可使用 1 张手续费抵扣券，手续费抵扣券不可与 e 招贷折扣活动同享。

权益 11——闪电贷优惠

该权益是指会员每月限领 1 次利息优惠券。该优惠券仅适用于正常贷款每月还款日系统扣款时进行利息优惠，不可用于贷款本金、贷款罚息等，也不可以在提前还款、逾期还款、紧急还款等特殊场景下使用。

权益 12——甄选酒店自助餐

该权益是指 M6 及以上会员携一位同伴享受自助餐及下午茶时，享受"两人同行一人免单"礼遇。该权益仅限本人使用，不支持服务转赠。不同城市可选的酒店供应商不同，需要会员进入所属的权益页面进行选择。

权益 13——300 精选酒店

该权益是指 M6 及以上会员每季度限领取 1 张专享优惠券，会员等级越高，优惠金额越高。优惠券仅限本人在 App 端使用，1 个订单仅能使用 1 张优惠券，且不与其他酒店优惠活动同享。

权益 14——商务洽谈室

该权益给会员提供全球 100＋家私人银行中心作为商务洽谈之地。需要会员提前至少 3 天电话预约。

权益 15——商旅服务

该权益整合了覆盖全球范围的票务代理、租车、购物及其他服务的体验。该权益协助会员预订，因此产生的第三方费用由会员承担。

权益 16——至臻生活

该权益是指协助会员预订全球范围的精选酒店、特色餐厅、高端会所等服务。

权益 17——定制旅行

该权益是指面向 M8、M9 的会员提供定制精品度假旅行服务。

表 8-3　　　　　　　　　　　招商银行会员权益体系

权益项目	M1	M2	M3	M4	M5	M6	M7	M8	M9
黄金红包	1000 微克	2000 微克		3000 微克		5000 微克		8000 微克	
财富管家（专属基金顾问）	✓	✓	✓	✓	✓	✓	✓	✓	✓
生日礼	✓	✓	✓	✓	✓	✓	✓	✓	✓
视听优享			本月 1 张 4 元优惠券		本月 1 张 6 元优惠券		本月 1 张 8 元优惠券		

续表

权益项目	M1	M2	M3	M4	M5	M6	M7	M8	M9
个人征信报告	个人免费查询								
掌上商城（优惠券权益）	✓	✓	✓	✓	✓	✓	✓	✓	✓
还他行信用卡借款（还款零手续费）	✓	✓	✓	✓	✓	✓	✓	✓	✓
好期贷优惠（借款利息折扣券）	9.5折			9折			8.5折		
信用卡分期（还款优惠）	✓	✓	✓	✓	✓	✓	✓	✓	✓
e招贷优惠（手续费抵用券）	✓	✓	✓	✓	✓	✓	✓	✓	✓
闪电贷优惠	×	×	✓	✓	✓	✓	✓	✓	✓
甄选酒店自助餐	×	×	×	×	✓	✓	✓	✓	✓
300精选酒店（专享优惠券）	×	×	×	×	128元	168元	228元	268元	
商务洽谈室（支持全球100+私人银行中心）	×	×	×	×	×	×	×	1次	2次
商旅服务	×	×	×	×	×	×	×	2次	4次
至臻生活	×	×	×	×	×	×	×	2次	4次
定制旅行	×	×	×	×	×	×	×	✓	✓

（三）会员任务体系

1. 会员任务在App端的呈现页面

招商银行积分任务体系如图8-4所示。

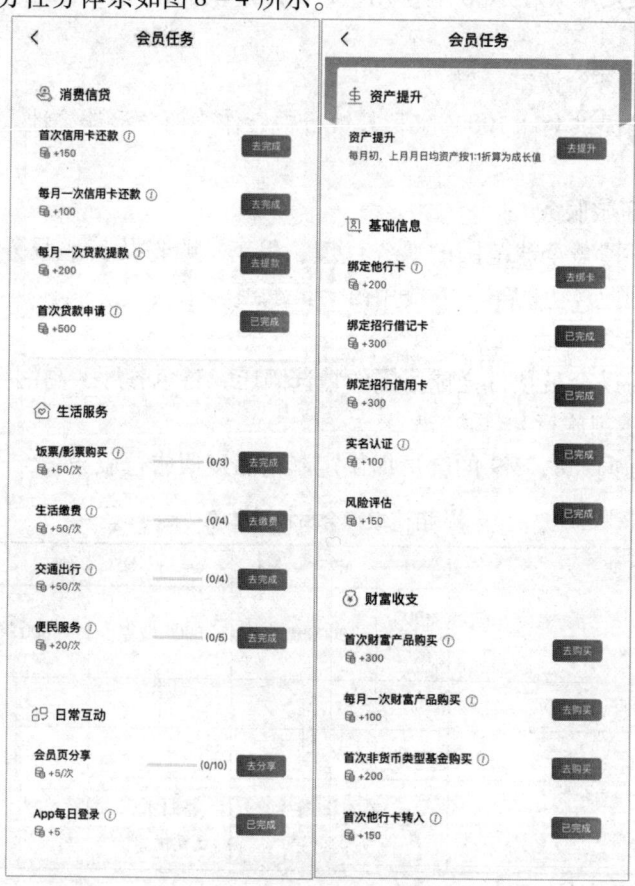

图8-4 招商银行积分任务体系

2. 会员任务体系及成长值奖励

招商银行会员任务体系及成长值奖励如表8-4所示。

表8-4 招商银行会员任务体系及成长值奖励

任务序号	任务所属模块	任务名称	任务说明	完成任务后成长值奖励
1	资产提升	资产提升	上月日均资产按1:1折算为成长值	
2	基础信息	绑定他行卡	绑定他行借记卡/信用卡	+200
3		绑定招行借记卡	绑定招行借记卡	+300
4		绑定招行信用卡	绑定招行信用卡	+300
5		实名认证	添加本人银行卡,进行实名认证	+100
6		风险评估	完成风险评估	+150
7	财富收支	首次财富产品购买	首次使用招商银行App购买不低于10元的受托理财、基金、保险、黄金(黄金活期或定期),不含朝朝盈、存款产品(自2020年11月1日起计算)	+300
8		每月一次财富产品购买	每月首次使用招商银行App购买不低于10元的受托理财、基金、保险或黄金(黄金活期或定期),不含朝朝盈、存款产品。暂不包含定投购买	+100
9		首次非货币类型基金购买	首次使用招商银行App购买不低于10元的非货币基金(自2020年11月1日起计算)	+200
10		首次他行卡转入	首次使用招商App"他行卡转入"功能完成一笔不低于10元的资金转入(自2020年11月1日起计算)	+150
11	消费信贷	首次信用卡还款	首次使用招商银行App进行信用卡手动还款操作(自2020年11月1日起计算)	+150
12		每月一次信用卡还款	每月首次使用招商银行App进行信用卡手动还款操作	+100
13		每月一次贷款提款	仅限闪电贷产品(不含质押闪、车位闪、装修闪、MBA闪)	+200
14		首次贷款申请	仅限闪电贷产品(不含质押闪、车位闪、装修闪、MBA闪)	+500
15	生活服务	饭票/影票购买	使用招商银行App完成饭票/影票(仅限招行一网通支付)	+50/次
16		生活缴费	使用招商银行App完成一笔缴费项目(不含话费/流量充值、固话宽带、党费团费等)	+50/次
17		交通出行	包括网约车、共享单车、公交地铁、客运轮渡服务等,需在招行App内完成交易或在App外使用招行一网通支付、手机闪付完成交易,暂不包含乘车码出行交易	+50/次
18		便民服务	包括电子社保卡、公积金、医保电子凭证、税务、不动产;同一个功能服务,如每天使用多次按照一次计算	+20/次
19	日常互动	会员页分享	会员页分享	+5/次
20		App每日登录	App每日登录	+5

（四）招商银行任务体系分析

1. 在会员任务体系中融入对开展银行业务比较重要的用户行为，比如用户填写基本信息、用户完成理财以及消费信贷行为、用户利用银行账户进行日常消费支付、用户完成高频率的互动行为。银行运营人员通过将用户的普遍行为纳入任务，实现基于企业价值导向的对用户关键行为的整体把握。

2. 通过会员任务体系给不同的用户行为赋予不同的价值。比如，对只需要用户一次性提交账户信息的行为，给予一次性积分奖励；而对于影响银行利益的财富收支和消费信贷行为，则按照次数进行积分奖励，这属于会员成长值中变动频繁的部分，对成长值影响较大。

二、用户会员等级体系设计要点

用户等级核心是权益，如果等级没有匹配对应权益或者缺乏互动的可能性，等级就没有效果。积分可以不与等级有强关联，它是可以独立存在的，但积分本身并没有什么吸引力，有吸引力的是积分背后可以兑换或变现的价值。

特权与等级可以分开，特权只有两种情况：有或者无。因此，当平台提供的权益不具备吸引力时，可以使用两级分配，让一部分核心用户拥有特权。如果权益丰富且吸引力强，多级管理则是必然。

运营人员在设计用户会员等级体系时，有以下操作要点：

第一，需要确定决定用户等级的关键指标。虽然使用积分来划分会员等级是一种常见的方式，但这种方式的操作前提是具有自动化的积分系统，在产品的运营系统没有实现这个方式之前，可以考虑用影响平台盈利指标的用户行为作为会员等级的划分标准。金融理财类平台常用持有金额、一段时间内投资金额作为划分标准。

第二，需要确定会员等级数量。一般等级数在 4~6 级；等级太多会显得复杂琐碎，会员等级太少对用户区分度不大，且对用户的行为引导不明显。

第三，确定会员等级的升级标准，即确定用户达到什么条件就能向上升级。这里需要注意处于不同等级用户总规模。会员等级由低到高的用户总规模一般呈现为金字塔形。

第四，设计每个会员层级的等级特权。等级特权需要符合等级越高待遇越好的规律，一般金融业务类会员等级的特权涉及提现特权、投资特权、加息红包、积分兑换特权等。

第五，确定会员等级有效期。很多金融业务类平台将会员等级有效期设置为 1 年，这样可以引导用户通过持续的交易行为实现会员等级保级及提升。

第三节　荣誉激励体系设计与实施

一、荣誉激励概述

（一）荣誉激励的应用场景

身份或荣誉激励是互联网平台使用较多的一种运营方法，在平台产品的闭环内，提供各种特殊身份标识、功能特权、专属社交圈作为权益，比如超级 VIP 的图标、限量版勋章。这满足了用户被尊重的需要，且基本不需要花费运营成本。

（二）勋章类型

探索型勋章：因用户单次的特定行为触发，通常设置在用户行为路径的必经点，奖励用户行为达成。

积累型勋章：用户多次重复行为累积后获得。通常是探索型的延续，第一次出发完成探索，继续重复达成目标进行累积，解锁更高级的勋章，提升用户忠诚度。

限制型勋章：为活动、纪念日量身定制，突出稀缺性，保证限量供应或限时领取，奖励活跃用户。只此一次，过期不候，强调稀缺的价值；通常挂钩产品的里程碑事件或者用户的关键时刻（比如生日）。

【练一练】

请根据所选取的用户画像 App，为其设计一套勋章体系，并说明用户获取勋章的规则。

二、竞争激励

生活中你是否有这样一个时刻：跟别人一比较，内心窃喜万分？这背后是竞争对比的因素。竞争激励主要是对用户行为带来的结果进行排名，促使用户为了获得竞争中的优势而展开竞争。激发用户内在的动机，比如微信运动通过"占领别人的封面"激发荣誉感；通过排行榜展示别人的成绩，建立目标感。

任何可以对比的行为类型，都可以采用排名激励；与认识的人相比较的吸引力超过与随机对象的比较。

竞争激励设置的前置条件包括行为简单、展示明确、有对照物。比如微信运动看走路步数，360看开机时间。竞争激励发挥作用需要对明确展示的数据定时更新。

竞争激励的策划步骤包括梳理用户行为路径、找出最想激励的行为、设计展示位置和频次、找出可以做对比的行为、设计排行榜等。

【练一练】

以排行榜激励为代表的营销案例属于马斯洛需求层次理论的哪一个层次的应用？

第四节 积分任务体系设计与实施

一、积分与积分任务概述

（一）认识积分和积分任务

积分是企业为维系客户长期的黏性而推出的企业内部流通的货币。积分货币对用户来说非一次性增长，收益更加稳定。相比于具有一次性刺激的优惠券工具，积分货币的用户黏性更强。对业务方而言可以通过积分对用户的关键行为进行引导，从而达到一些运营目标，尤其适用于即时奖励的运营任务激励（见图8-5）。

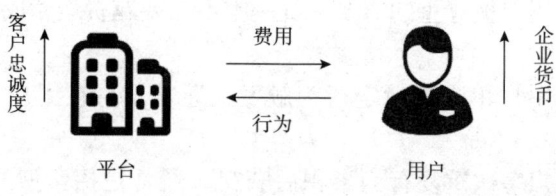

图 8-5 积分对用户与平台的价值体现

作为"企业货币"角色的积分,其获取方式像"计件工资"。用户每完成一个任务,收获一笔积分,多劳多得,少劳少得,不劳不得。如果某个转化环节的运营规则在一段时间内保持不变,会采用"系统化发放+固定页面呈现"的方式,提高运营效率。一般新手任务保持阶段性不变。

【案例】

银行积分体系案例分析

某银行的积分货币为"金豆",用户通过 App 端可以查询该积分的获取方式,并进行积分兑换。

1. 积分获取方式

某银行通过积分任务获取积分(见图 8-6)。

图 8-6 某银行积分任务

2. 获取积分的具体规则

某银行获取积分的具体规则如表8-5所示。

表8-5　　　　　　　　某银行获取积分的具体规则

任务序号	任务名称	任务说明	完成任务可获奖励
任务1	快捷支付初体验	活动期间首次体验该行借记卡快捷支付且单笔消费满10元	500金豆
任务2	快捷支付达人	活动期间使用该行借记卡快捷支付消费10元且当月满3笔	1500金豆
任务3	信用卡还款	活动期间使用该行借记卡还款本人在该行的信用卡	1000金豆
任务4	完成3笔信用卡还款	活动期间使用该行借记卡还款本人在该行的信用卡，每月限1次，满足3次	500金豆
任务5	连续还款礼包	活动期间使用该行借记卡还款本人在该行的信用卡，连续3个月满足上述条件，奖励限1次	1500金豆
任务6	生活缴费（首笔）	活动期间首次使用该行App进行生活缴费（仅计入主动缴费，不计入代扣签约缴费、信用卡缴费）	1000金豆
任务7	生活缴费（常规）	活动期间使用该行App进行生活缴费，每月限1笔，奖励限3次（仅计入主动缴费，不计入代扣签约缴费、信用卡缴费）	500金豆
任务8	生活缴费（额外）	活动期间使用该行App进行生活缴费当月达到3笔，奖励限1次（仅计入主动缴费，不计入代扣签约缴费、信用卡缴费）	1500金豆

3. 积分消耗方式

通过兑换实物或电子券的方式来消耗金豆，不同的兑换商品有不同的金豆定价（见图8-7）。

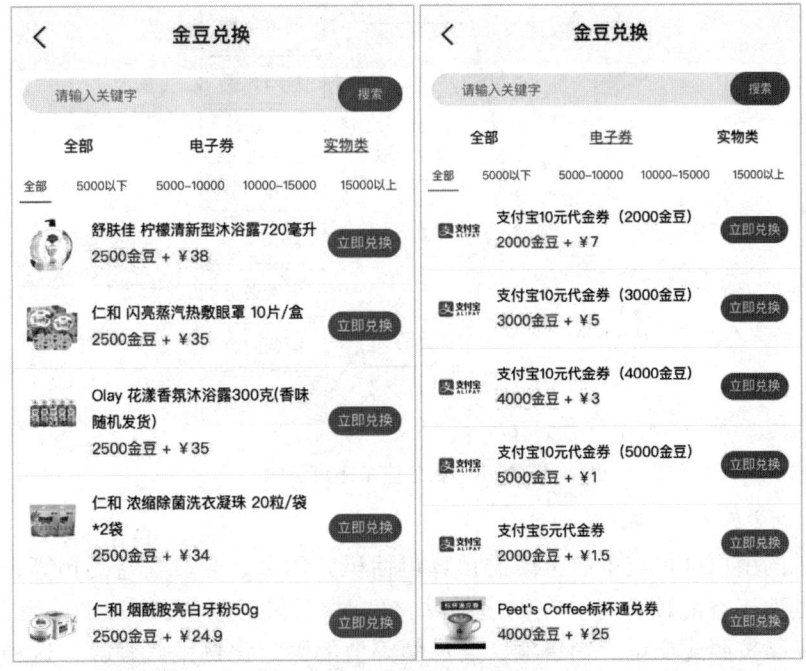

图8-7　某银行积分消耗

（二）积分任务的效果

在实际应用中，存在很多积分任务没有达到效果的情况。原因可能有多种，比如没有稳定的预算来源、积分获取比例失衡、积分消耗不稳定，甚至没有积分消耗的渠道等。

【练一练】

针对用户画像所研究的 App，找一找其积分任务系统。针对有积分任务体系的 App，进行如下分析：

（1）使用组织结构图分析其积分任务系统。

（2）该任务系统的设计从战略角度看，希望引导用户的目标行为是哪些？

（3）如果以 10 分为满分，你认为该任务系统能够多大程度引导用户目标行为？简要说明原因。

（4）提出针对积分任务的优化方案。

二、积分任务系统搭建步骤

搭建积分系统的前提是清晰分析产品和业务，明确需要刺激的用户行为；有稳定的积分体系费用来源；用户量级反而不是主要考虑因素。在搭建积分体系时，主要包括如下关键步骤（见图 8-8）。

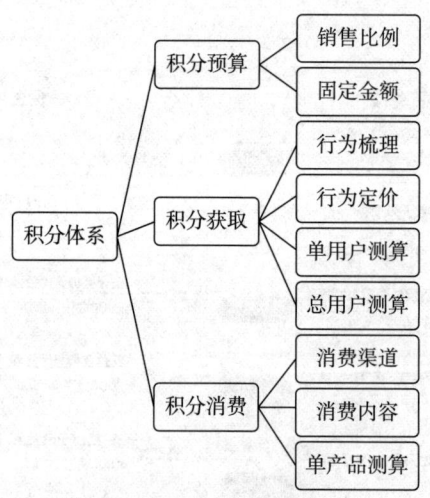

图 8-8 积分体系搭建步骤

（一）制定积分总预算

产品总的用户维护成本所考虑的预算包括积分预算、会员权益的预算、优惠补贴的预算、其他权益的预算等。在制定补贴比例时，可以选择固定比例或者固定金额。固定比例是指按照成交量、销售额、交易额等值的固定比例纳入预算，这种方式常用于直接付费类产品；固定金额是指补贴某特定金额，常用于非直接付费类产品。

（二）梳理用户行为，设定行为积分比值

1. 梳理用户核心行为和非核心行为

用户的核心行为数量极少，比如电商类的交易、社区类的发布内容等行为；量化数字变动范围大，比如电商类的交易金额、社区类的阅读量。不同类型不同业务的产品核心行为不一样。

用户的非核心行为相较核心行为而言数量多，包括用户行为路径中的关键行为，如注册、签到；业务方希望用户去做的行为，比如分享、老带新。不同类型不同业务的产品非核心行为大部分一致。

2. 根据用户价值分层，设定行为积分比值

以核心行为的量化数值进行分层，比如电商类的交易金额、社区类的阅读量等。用户分层的数量要以现有用户的量级为基础。分层数量不宜过多，一般不超过 6 个，最多不超过 10 个（见图 8-9）。

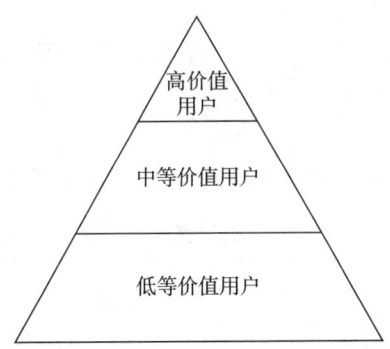

图 8-9 用户分层

设定不同层级的用户核心行为与非核心行为积分获取比例。非核心行为占比越高，非核心行为引导越多。核心行为的积分获取应当有一个明确的公式，非核心行为可以按照行为的轻重来设定行为与行为之间的分值。重点关注行为与行为之间的积分比值是否合理（见表 8-6）。

表 8-6　　　　　　　　　　积分获取任务示例

项目	积分规则
购物	消费金额×1，即按照消费金额1:1获得积分
签到	每天可签到1次，每次5分
老带新	每带一个新用户给300分
商品评论	一个有效评论20分
晒图	一个3张图以上的晒图50分

3. 计算单个用户可获取积分，并测算全体用户可获取积分

按照不同层级用户分别计算。测算最大可获取积分和预算获取积分。基于历史数据或经验，给每个行为设定一个获取率。

4. 修正积分兑换比,保证积分的价值和成本可控

$$积分兑换比 = 总体用户预测获得积分/总预算$$
$$兑换比转化系数 = 目标兑换比/当前兑换比$$

单个行为分值非整数,可以在较小范围内调整。同时测算不同层级的单个用户的补贴成本是否合理。

(三) 设置积分消耗渠道

积分的价值恒定。设置丰富的消费渠道和内容,保证不同层级的用户每个月都能消费积分。做好用户积分获取行为和用户积分消耗行为的引导。定义好积分清零规则,一般来讲当年获取积分次年年底清零,或者本月获取积分次年当月月底清零。

积分消耗常见渠道包括积分商城、积分活动,其中积分活动包括抽奖和游戏等。积分消耗的内容包括闭环商品和开环商品。闭环商品是指可以在平台生成和消耗的商品,促进平台的交易等核心行为的发生,比如代金券、现金券等;开环商品包括企业现金采购实物、品牌资源置换获取等。

在进行商品积分测算时,需要注意商品积分价值与积分兑换比、商品现金价值、商品采购成本、商品溢价系数等要素的关系。

(四) 积分维护

商品积分实际消耗测算时,其调整策略可能存在多种可能(见表 8-7)。

表 8-7　　　　　　　　　　积分调整策略

场景	最大可发放积分	预测发放积分	实际发放积分	解读	方向
1	100	100	100	三者平衡	规则无须大幅度调整
2	100	200	200	积分获取过于简单	提高积分获取难度
3	100	50	50	积分获取过于困难	降低积分获取难度
4	100	100	50	积分获取过于困难,且用户行为预测差别过大	提高积分获取难度
5	100	100	200	积分获取过于简单,且用户行为预测差别过大	提高积分获取难度

在提高积分获取难度的策略方面,可以减少可获取积分的用户行为数量、减少单个用户行为对应的具体积分数值等,减少积分发放数量。

在降低积分获取难度的策略方面,可以增加可获取积分的用户行为数量、增加单个用户行为对应的具体积分数值等,增加积分发放数量。

【课后思考】
1. 简要分析用户成长体系的概念及构成,并梳理用户行为激励的结果。
2. 简要分析用户成长体系搭建的原则。
3. 选定某金融科技产品,为其策划用户行为激励体系。

第九章

金融科技数据运营

【学习目标】

□ 知识目标
1. 了解数据运营的定义及数据分析的流程。
2. 了解常见的运营数据指标及其内涵。
3. 了解运营数据的获取方法。

□ 能力目标
1. 能够应用运营数据趋势分析方法。
2. 能够应用用户画像数据分析方法。
3. 能够应用用户转化漏斗分析方法。

□ 素质目标
1. 培养学生分析问题、解决问题的能力。
2. 培养学生在企业运营工作中的数据意识。

第一节 数据运营概述

活动运营、内容运营和用户成长体系等模块的工作和方法的背后,都隐藏着共同的工作内容——数据的处理和应用。比如,评估内容运营的效果会关注内容的传播量、转发量等指标,评估活动运营的效果会关注活动参与人数、活动转化人数等指标,评估用户运营的效果会关注新增用户量、活跃用户量等指标。在运营实践中,需要根据数据决定下一步的运营策略和措施。

在一些大型产品或对数据要求比较高的运营团队里,会专门设置数据运营岗位负责产品运营数据的相关工作;在初创型团队或小型运营团队,数据运营岗由其他运营岗位人员兼任。由此可见,基本的数据运营工作方法是运营人员的必备技能。

【案例】

在早期团购网站的"千团大战"中,除了看到O2O(线上到线下)行业从线上到线下营销的团购模式,还有从商家视角推动整个行业的基础设施数字化的企业服务模式。客如云是一家为餐饮企业提供软件即服务(SaaS)解决方案的公司,定位为商家数字化的重要支撑。

一、认识数据运营

(一)数据运营的定义

数据是对客观事件进行记录并可以鉴别的符号,对客观事物的性质、状态以及相互关系等进行记载。在计算机科学里,数据是指所有能输入计算机并被计算机程序处理的符号的介质的总称,是用于输入计算机进行处理,具有一定意义的数字、字母、符号的通称。在互联网产品运营中所讲的数据其本质同上述关于数据的定义一致,只是在具体形态和范围上是指有关产品运行和用户行为的一切数据。

【案例】

尿布与啤酒的故事

20世纪90年代,一家大型连锁超市的管理人员在分析销售数据时发现一个令人难以理解的现象:在某些特定的情况下,啤酒与尿布两件看上去毫无关系的商品会经常出现在同一个购物篮中。经过后续调查发现,这种现象出现在年轻的父亲身上。在有婴儿的家庭中,一般是母亲在家照看婴儿,年轻的父亲前去超市购买尿布,父亲在购买尿布的同时,往往会顺便为自己购买啤酒,这时就会出现啤酒与尿布这两件看上去毫不相干的商品经常出现在同一个购物篮中的现象。超市发现了这一现象,开始在卖场尝试将啤酒与尿布摆放在邻近的区域,让年轻的父亲可以同时找到这两件商品,并很快完成购物;同时超市可以让这些客户一次性购买两件商品,而不是一件商品,从而获得了很好的销售额。

数据运营是指对运营过程中产生的相关数据的处理和应用,具体包括数据规划、数据采集、数据分析等主要过程。数据规划就是规划要收集和处理的数据的类型和指标体系;数据采集是指将规划好的数据进行采集汇总;数据分析是对所收集的数据按照一定的数据模型或计算逻辑进行统计分析处理,该步骤是数据运营的核心所在。所有数据只有经过处理和分析,才能够从中发现可以指导下一步行动的规律和结论。

(二)数据运营工作要点

运营管理用户场景下需要重点关注两个问题。一是可监测可评估,即如何监测和评估一款产品的平均单体用户价值;二是可驱动可被影响,即从哪些角度来驱动用户价值的提升更合理?通过哪些方法和工具来影响用户价值的提升会更有效?

运营的目标需要服务于企业的总体目标,具体会关注用户数、交易额、转化率三方面指标。其中用户数包括活跃用户数、总用户数、各个会员层级用户数,交易额是企业的盈利来源,转化率是指用户转化关键节点的数据漏斗,可以通过短信、推送等所有能触达用户的方法进行优化。

从平台类型来看，不同类型的平台的用户价值体现有差异。如果按照使用频次和用户是否直接付费两个属性来区分，可以分成如图9-1所示的A、B、C、D四个区域。A区域表示的用户价值低；B区域的用户价值主要体现在收入上，比如婚恋App、家政、二手车、买房、买保险等生活服务类场景；C区域的用户价值体现在活跃和交易行为上，比如大型电商平台等；D区域的用户价值主要体现在活跃上，比如大型的内容平台等。

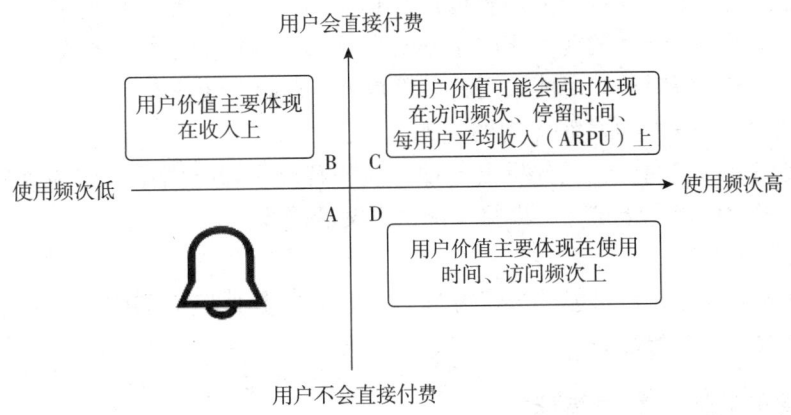

图9-1　不同类型平台的用户价值区分

从生命周期维度来看，用户价值会随着用户所处的生命周期阶段而变化（见图9-2）。比如在留存阶段，运营目标是增加首次使用后还会继续使用的用户比例，所以通常将核心指标定义为次日留存、7日留存、30日留存等；在促活阶段，运营目标是增加目前用户的活跃度，如提升访问时间、发帖量等，因此将核心指标定义为DAU（每日有访问的用户数）；在召回阶段，运营目标是通过有效信息触达手段向已经流失的用户推送信息，引导用户重新完成访问或使用，因此将核心指标定义为唤回的用户数。

新用户的转化行为包括来源渠道、下载、激活（下载后并打开App）、注册、首次交易（根据平台的业务模式有差异）、多笔交易（不同平台有差异，有些平台界定为第2笔至第3笔）。例如理财类业务，老用户留存阶段是依据交易行为来判定的，比如次月复购率（次月是否有复购行为）、两次交易之间的时间间隔、交易产品的分布、交易金额分布等。

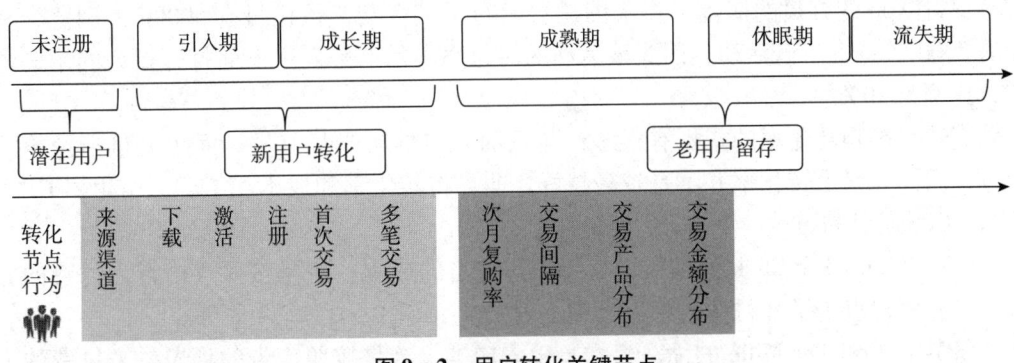

图9-2　用户转化关键节点

（三）运营数据分析和应用的流程

1. 分析阶段——明确目标，确定分析问题

数据分析本身不是目的，而是手段，是为实现某个特定目的而存在的。数据收集、数据处理和数据建模都是围绕数据分析的目的展开。问题意识是数据分析的出发点。问题意识是定义研究问题，即确定数据分析师要解决什么具体的问题。

2. 提出假设阶段——提出实现目标的可能手段

数据分析最终需要通过业务调整或产品功能的优化来实现，因此实现目标的可能手段最终需要落实到产品功能优化或业务模式调整上，避免无意义的数据分析。例如，需要增加用户的停留时长，可能采用的手段是更新页面设计等。

3. 排优阶段——排列各种方案的优先级

针对要解决的问题，已经分析出各种可能的解决手段，由于测试的资源有限，需要对各种方案进行优先级排序，即排出测试方案的顺序。

4. 测试验证阶段

根据优先级排序，对可能的方案开展测试，做好数据监测和收集，通过数据分析验证提出的假设的有效性。

二、常见的运营数据指标

运营工作内容的发展方向是精细化管理，需要关注的数据指标越来越细致，从用户进入产品到离开，浏览的页面数、停留时间、在每个页面上的具体动作（点击行为等），这些行为痕迹都需要转化为数据，给运营人员后期做活动策划提供很好的依据。

（一）用户获取环节的数据指标

1. 曝光量

曝光量是指产品推广页面的用户浏览量。一款新产品上线，需要在一定渠道推广才能让更多用户知道。只要有流量的地方，都可以作为产品曝光的渠道。

2. 渠道转化率

产品信息已经投放，会存在部分用户在当前页面流失，而一部分用户完成了注册或关注步骤，后者被称为发生了转化行为的用户。渠道转化率即发生转化行为的用户占转化前的总用户的比例。特别注意，转化率是转化后与转化前的变化对比。例如，在某银行 App 的首页的横幅广告头图位置发布了某活动，该栏目有 50000 人浏览，其中有 5000 人点击了该活动，因此该活动的转化率实际上是发生页面打开行为的用户占比，比例为 10%。

当然，影响转化率的指标有很多，与页面入口的曝光量有关，而曝光量涉及投放成本，因此，渠道转化率并不是越高越好。业界将转化率和成本相结合，衍生出 CPC、CPM、CPS 等计费方式。

CPC 是 Cost Per Click 的缩写，指每用户点击的成本。这是按照点击行为付费的方式，只有用户点击了才付费，不点击则不付费。

CPM 是 Cost Per Mille 的缩写，指每千人成本。这是按照广告的曝光量来付费的方

式，是传统媒体做品牌曝光时常用的计价方式。CPM 推广效果存在不确定性，用户可能浏览也可能忽略。

CPS 是 Cost Per Sales 的缩写，指按照成交额付费。这种模式通常用于商业流量合作。

3. 渠道投资回报率

投资回报率（ROI）是一个广泛使用的指标。投资更多体现为成本支出，而回报不仅可以体现为利润，还可以体现为注册用户数等其他量化指标。

4. 日下载量

下载行为是 App 使用过程中的关键环节。日下载量除了要监控统计总量，还经常需要与众多渠道合起来统计，即某渠道的日下载量。

5. 日新增用户数

新增用户数是用户获取过程中的核心指标。新增用户可以进一步分成自然增长的用户和推广增长的用户，自然增长通常是用户邀请、用户搜索或用户主动下载等来源的用户，而推广增长是运营人员干预控制下增长的用户量。

6. 用户获取成本

用户获取成本又称为获客成本，即所有花在用户获取上的成本。用户在稳步增长过程中，必然涉及成本。

（二）用户活跃及留存环节的数据指标

1. 日活跃用户数/月活跃用户数

所谓用户活跃，指用户发生了行为，一般行业默认的统计活跃标准就是在一定统计周期内用户使用过产品。广义上，用户打开 App、浏览网页、下单等行为都视为"使用"行为，对用户"使用"行为的定义不同，采用的标准也相应不同。

活跃指标是用户运营的基础，通常表现为活跃率指标，即一段时间内活跃用户占总用户量的占比。具体常用的活跃指标包括日活跃用户数（Daily Active User，DAU）、月活跃用户数（Monthly Active User，MAU）。

相应地，存在"活跃"的用户，就会存在"不活跃"的用户。这是从用户活跃属性进行细分的结果。流失用户是长期不活跃的用户，即通常所说的"僵尸"用户；忠诚用户是长期活跃的用户；挽回用户是曾经不活跃或流失，再次活跃的用户。健康发展的产品，流失用户的占比不应该过多，且新增用户量要大于流失用户量。

2. PV 和 UV

PV（Page View）是指页面浏览量。UV（Unique Visitor）是指一定时间内访问页面的人数，也叫独立访客数（在同一个时间区间内，不管用户访问了多少网页，他都算作一个独立访客）。PV 和 UV 是互联网早期网络站点时代的指标。

3. 用户访问时长

用户访问时长是指一次会话持续的时间长度。不同产品类型的访问时长不等，社交类产品、内容类产品肯定长于工具类产品。

4. 用户留存率与用户流失率

在某段时间使用产品，过了一段时间后，仍旧继续使用的用户，称为留存用户。

用户留存率即持续使用的用户占总注册用户的比例。在用户的获取成本不断提高，产品竞争越来越激烈的形势下，如何留住用户与如何获取用户同样重要。用户流失率和用户留存率相反。如果某产品新用户的次日留存率为30%，那么次日流失率为70%。流失率在一定程度上能够预测产品的发展。

如果说用户活跃数和活跃率反映了产品的市场大小和健康程度，那么用户留存指标关系着产品的可持续发展。

留存率是否完全可靠呢？不一定，部分灰色产业提供刷注册用户的服务，通过人工或者机器模拟的方式让虚假用户在后续时间段伪装出登录，留存率是不低的。所以还要对比用户操作率看异常值。

（三）活动运营环节的数据指标

1. 活动曝光量/浏览量

线上活动对传播的诉求强烈，广泛曝光才能引来一定的参与量。活动曝光量/浏览量是表征活动传播效果的指标，可以通过前端数据埋点等技术手段进行数据收集和监测。

2. 用户分享率

目前的互联网产品基本会内嵌分享功能，对内容型平台来说，用户分享率是比较重要的指标。该指标可以细分为分享到微信好友、微信朋友圈、微博等渠道的分享率。

3. 活动参与率

活动参与率是指参与活动的用户数占活动曝光量/浏览量的比例。活动本身的生命周期较短，因此为了保证活动效果，需要关注从活动曝光开始的所有关键环节的数据，比如活动参与人数中老用户和新用户的数量分别是多少；活动各流程的转化率如何，带来多少新的订单。

（四）营收相关的数据指标

对于商业组织来说，各项产品运营的指标最终目的仍然是实现商业价值，即实现营收目标。细分交易数据和指标，关系到产品商业化的进展。因此，用户活跃、留存等行为后实际与营收相关的指标也值得关注。

1. 活跃交易用户数

与活跃用户的指标定义类似，活跃交易用户也可以分成首单用户、交易2~4次的用户、交易5次交易及以上的用户。

活跃交易用户数是用于统计交易用户在活跃用户中的占比。当活跃用户数多，但交易用户少时，产品商业化存在问题，即变现困难，这是很多初期提供免费产品的平台遇到的共性问题。

2. 一段时间内的成交总金额

一段时间内的成交总金额（Gross Merchandise Volume，GMV）的计算基础是用户下单后，订单号对应的交易额。GMV对应的是交易流水，尚未计入退款金额。而销售收入则是成交金额减去退款。

3. 客单价

在互联网中，客单价（Average Revenue Per User，ARPU）是指每一笔用户订单产生的收入，其计算公式为：总收入/订单数。

传统行业里的客单价指一位消费者每一笔到场消费的平均金额。该指标源于线下零售行业的周期性销售特性，通过客单价可以调整超市的经营策略；而以游戏行业为代表的一些行业由于流失率很高，因此运营人员更关注平均付费，产生了对客单价的新的理解。

4. 复购率

复购率即用户重复购买率，指消费者在单位时间内对该产品或服务的重复购买次数，复购率越高，则反映出用户对品牌的忠诚度越高。

复购率即计算在所有购买过产品的顾客中，以每个人为独立单位重复购买产品的次数。例如有10个客户购买了产品，5个产生了重复购买，则复购率为50%。

5. 商品、标准化产品单元、最小单位库存

这三个概念是电子商务的基础概念。商品是对应消费者理解的产品，商品详情页都会对应一个商品，被称为标准化产品单元（Standard Product Unit，SPU）。而在商品介绍的详情页中，还会涉及收益率、期限等属性的选择，这类属性形成了最小单位库存（Stock Keeping Unit，SKU）。商品的每一个属性都对应着不同的SKU。

（五）用户转化相关的数据指标

运营人员需要有成本意识，运营岗位的目标之一是提高成本利用率，即用更少的钱获得更多的新用户。尤其是在各种资源不利的情况下，能达到或超出活动效果预期，即体现出优秀的运营能力。

1. 流量到用户的转化公式

对所有在线交易平台来说，交易额的构成与流量、转化率和客单价相关。

公式：流量×转化率×客单价=交易额

关键词说明：

流量：表示潜在用户数，还没有成为平台的用户。

转化率是指从上一个环节留存在下一个环节的用户数占上一个环节的比例，一般转化环节有多个，根据用户转化的关键路径进行具体分析。

客单价：表示单个用户单次在平台交易额的金额，可以有月客单价、单笔客单价、年客单价等不同的表示方法。

交易额：平台在一段时间内获取的所有用户带来的交易额。

【练一练】

1. 假设每天打开某外卖App的用户有1000人，其中只有100人提交了外卖订单；这100个用户中，有20人取消了订单；当天这1000个用户中，共计给该App带来1万元的交易额。根据"流量×转化率×客单价=交易额"的公式，计算公式中的每个数值；并根据背景信息，完整表达公式的内涵。

2. 根据"流量×转化率×客单价=交易额"的公式，思考以下问题：

（1）怎样获取流量（用户）？

（2）怎样提升转化率？转化包括哪些环节？

（3）客单价和交易额与哪些因素相关？

2. 新用户获取成本

比用户量更重要的是用户获取成本。新用户获取成本（Customer Acquisition Cost，CAC）是指获取每一个新增用户所花费的开销。简单来说，CAC = 新增用户的总投入/新增用户总数。

这里的总投入，一般只计算与新增用户相关的内容，不会把产品、开发等人员的工资算入新增成本。如果有一位全职地推负责新增用户，则该地推的薪酬需要算入 CAC。在产品早期，无论是运营人员、产品经理乃至研发，都应该关注 CAC 指标。它和产品的商业可行性息息相关。运营人员花费 500 元获取了一个新用户，如果产品在后续的一系列商业化运作中，无法从该用户身上赚回 500 元，那么产品的可持续模式是存疑的。

切勿拿总投入/新增用户总数计算 CAC，而是需要区分不同渠道单独计算。新用户会从各种渠道了解和注册产品，朋友圈分享、广告投放、应用商店、搜索引擎优化（SEO）等。不同渠道的投入产出不同。例如，本来 A 应用商店的 CAC 是高于 B 应用商店，但是结合留存用户看，A 应用商店的实际 CAC 低于 B 应用商店。因为不同渠道的用户质量不一样，A 应用商店的用户显然更贴合产品，虽然贵了些，但实际上它更好。如果运营使用活动、红包等激励新用户注册，建议将留存的考察时间拉长，能留下用户的渠道才是好渠道。表 9-1 给出了一个不同渠道 CAC 指标测算的例子。

表 9-1　　　　　　　　　　不同渠道 CAC 指标测算

渠道	新增用户量/人	成本/元	CAC（元/人）	次日留存量/人	留存 CAC
A 应用商店	2000	80000	40	1200	66.6
B 应用商店	1500	45000	30	600	75
广告投放	2000	100000	50	800	125
朋友圈分享	500	5000	10	250	20

通过范例中的数据发现广告投放性价比最低，而朋友圈的分享虽然带来的用户少，但是成本也低。运营和产品可以针对分享机制优化，让更多用户参与分享。

以上指标是对数据运营中所涉及的基本数据指标类型进行的简要介绍。在实际工作中，运营人员需要根据工作的侧重点差异，关注差异化的指标，实现数据真正为运营效果服务。

【练一练】

分析互联网企业融资对运营成本的影响。

三、运营数据的获取

运营数据是数据分析及处理的基础。因此数据采集的丰富度、准确性、时效性，都将影响整个数据后续的应用。常见的运营数据采集方案主要基于埋点技术来完成。

（一）埋点技术

埋点是互联网产品运营数据分析的一种常用的数据采集方法。埋点也称打点，是通过在网页或 App 中手动添加统计代码收集数据。打点又可以细分为前端打点和服务器端打点两种情况。例如，要收集用户注册数，需要在注册按钮处加载相应的统计代码。埋点后实现的效果是当用户点击注册按钮后，用户的点击行为的数据会同步传到服务器后台，这样可以跟踪到用户在页面上的行为。除了在自己的产品中添加代码实现埋点，也可以通过第三方统计工具进行埋点，例如友盟、百度移动、洞见研报（talking data）等产品，这些工具能够提供完善的数据埋点解决方案。

比如，理想的用户理财行为漏斗是点击、注册、活跃、理财、分享，而现实生活中用户理财行为关键路径可能是点击、注册、绑卡、活跃、充值、理财、分享、微博/微信等。因此对于运营人员来说，需要充分了解业务流程，尽可能列出数据项，将用户关键行为路径拆分得越细，转化漏斗的分析越有效。

当在用户的访问关键路径上进行埋点后，理想情况下可以采集分析用户全量行为的数据，为建立用户画像、还原用户行为、产品功能分析提供详细的数据支持。虽然埋点是解决跟踪用户行为的重要方法，但是埋点存在一些问题：首先过多的埋点会影响产品的加载速度和响应速度；其次埋点的每次更新都需要更新代码，更新工作量比较大。

（二）无埋点技术

随着技术的发展，埋点技术进展到无埋点技术。无埋点技术是指尽可能收集所有控件的操作数据，然后通过界面配置确定哪些数据需要在系统中进行分析。无埋点技术是利用部署在网站页面或 App 上的基础代码对网站或 App 上的所有可交互事件元素进行解析，获取 DOM 路径（DOM 路径是 HTML 文档基于对象的表示，用节点树表示）。监测工具会通过基础代码对页面上所有 DOM 上的用户操作行为进行监听，当有操作行为（交互事件）发生时，监测工具会进行记录，并且同时记录对应的 cookie（指收藏夹）或 device ID（指设备唯一编码）信息，将之与用户设置的信息关联起来。完成这些操作后，页面上的所有交互可以被可视化监测。

无埋点技术的使用减少了开发人员的开发成本、技术与业务人员的沟通成本，最大化提升了数据收集的速度，缩短了数据采集的周期。但是，该技术仍然存在一定的局限性，需要专业的技术工程师完成操作和配置。

四、常用数据分析场景

（一）趋势分析

趋势分析是对某个数据在一定周期内的变化趋势进行统计和分析。例如，分析一款 App 产品的日活跃用户（DAU）的变化趋势，具体操作是将一定周期内的 DAU 数据进行统计整理，横坐标表示时间维度，纵坐标表示日活跃用户数，建立关于日活跃用户数随时间变化的折线图或柱状图。

在趋势分析中，数据往往呈现周期性变化，需要重点关注异常值，并对发生异常值的实际情况提出可能原因的假设，进而测试找到准确原因。

(二) 细分渠道数据

单一数据指标的趋势分析中，可能存在发现问题但是不能直接看出背后的原因的情况，这时候，可以通过业务来源拆解细分的方式。常用的场景是分析不同渠道的新用户质量、新用户拉新成本的情况，对新用户的来源进行按照渠道细分，找出投放效果最佳的渠道。

(三) 用户画像数据分析

用户画像研究方法的本质是根据一定属性对用户进行归类分群，便于找出差异化的人群，并对其特征进行定义。在精细化运营的背景下，这里的属性与用户标签的实现保持一致，常用的属性有性别、年龄、城市、职业、收入水平、常使用的终端设备类型等，具体可以参见本书关于用户画像研究的章节内容。

(四) 用户转化漏斗分析

用户转化漏斗分析分成两种场景：一是用户关键访问路径分析，二是用户交易转化漏斗分析。

1. 用户关键访问路径分析

观察用户在产品内的行为路径是一种直观的用户动向分析方法，仔细深入分析用户在使用产品过程中的蛛丝马迹。关键访问路径分析需要结合埋点技术来实现。

例如，阅读产品用户在注册账户环节的关键路径包括：输入手机号、输入验证码、输入密码、点击注册按钮、退出。如果发现某一天新增注册用户人数较少，分析埋点数据发现，问题集中在获取验证码环节，找到对应的问题后，排查问题，提升解决问题的精准性。

通过用户关键访问路径分析用户的使用行为，还能帮助产品人员排查一些不符合用户体验的设计或者 BUG (指程序故障或程序错误)。

2. 用户交易转化漏斗分析

漏斗分析是运营分析中经常应用的数据分析形式。漏斗是用于衡量转化效率的工具，漏斗分析不仅关注总体的转化率，还关注转化过程中每一步骤的转化率；漏斗分析也可以与用户画像数据分析模块的用户属性细分结合使用。

第二节　数据运营常用工具

一、流量分析工具

(一) 友盟

该公司成立时间于 2010 年 4 月。产品定位是移动开发者服务平台，以移动应用统计分析为产品起点，推出"一站式"解决方案，服务包含移动应用统计分析以及细分行业的移动游戏统计分析、社会化分享组件、消息推送、自动更新、用户反馈、错误分析等产品（见图 9-3）。

客户使用友盟产品的流程：

第一步：登录友盟+官网，在"我的产品"页面添加新应用，获取 Appkey。

第二步：下载 SDK［Android］／［iOS］开始集成，将 Appkey 配置在代码中。

第三步：绑定测试设备是使用集成测试的第一个步骤，使用集成测试的目的是防止测试数据污染真实数据，同时可检测集成的正确性。

第四步：使用测试设备安装启动 App，通过［测试数据管理视频］了解测试数据查看方法，然后查看［测试数据报告］，测试数据正常展示表示集成无问题。

第五步：集成测试中可以看到相关的测试数据表明 sdk 集成工作正确完成，App 可以上线发布。

通过友盟可以查询移动数据的 DEMO 版，该数据来自友盟自身 App 的相关数据。

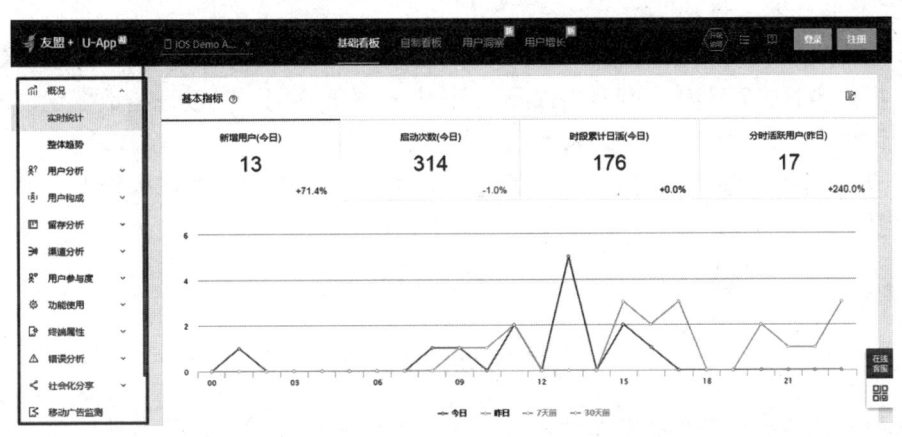

图 9–3　友盟产品数据统计功能示例

（二）洞见研报

洞见研报成立于 2011 年，是国内第三方数据智能服务商。洞见研报旗下 DMP 平台集数据收集、整合、运营分析、营销投放、效果追踪于一体，可以帮助企业分析用户行为，挖掘用户价值，优化投放策略，提升营销效果。洞见研报提供 O2O 解决方案，通过整合用户线上线下行为数据，实现对消费者的精准画像和精准营销，同时提供经营决策分析支持，帮助企业盘活线下资源，获得更多销售机会（见图 9–4）。

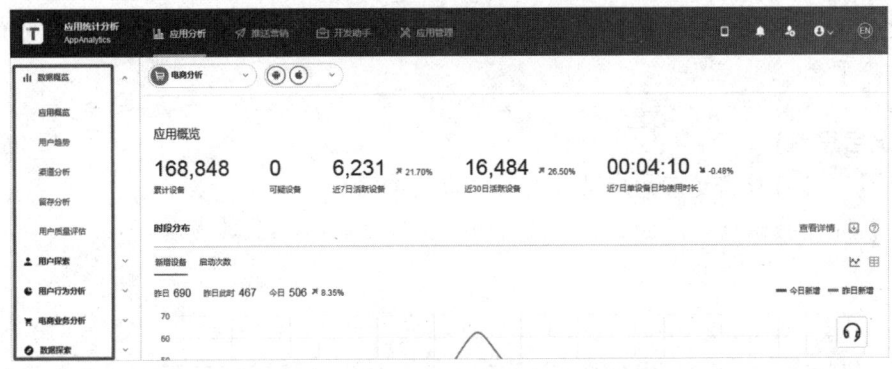

图 9–4　洞见研报产品数据统计功能示例

二、行业数据查询工具

（一）互联网产业数据查询

可以通过中国互联网络信息中心（China Internet Network Information Center，CNNIC）了解中国互联网产业发展情况，中国互联网络信息中心（CNNIC）负责国家网络基础资源的运行管理和服务，开展互联网发展研究并提供咨询，定期发布《中国互联网络发展状况统计报告》。该报告采用固定样本组的研究方法，通过调查客户端实时、连续采集中国网民样本的互联网使用行为数据，并对数据进行统计分析，实现对特定人群的互联网行为特征的分析和了解。

（二）媒体热点查询

1. 微信指数。微信指数整合了微信上的搜索和浏览行为数据，基于海量云数据的分析，提供当日、7日内、30日内以及90日内的"关键词"的动态指数变化情况，查询某个词语在一段时间的热度趋势和最新指数动态。

2. 头条指数。头条指数是由今日头条提供的工具，用于查询在头条平台上关键词的热度。

【案例】

算法驱动的便利店

便利蜂便利店门店拥有自主开发的App，支持会员支付、会员自助购物、预订自提和配送到家四种业务，即顾客在便利蜂的所有购买行为都可以在App上完成，便于用户行为数据的采集。除了便利店业务，便利蜂旗下还拥有另外两家公司"虫极"和"运鼎"，分别负责店铺的ERP（企业资源管理）系统和App研发，其中ERP系统涵盖了从门店选址到进货、上架的各个环节，形成了一套完善的商品管理、情报系统、产供销体系，从商品的采购到顾客的购买形成完整的用户行为的闭环链条。

不仅如此，便利蜂还不断拓展业务边界，比如上线主打"零起送费、30分钟内到达"的外卖业务，在App和小程序上线"蜂超市菜市场"，后者可以让消费者选择自提或配送到家，门店提供取货服务。2019年，便利蜂还上线打印业务和洗衣业务。最终，便利蜂希望通过便利店这个接近消费者的跳板，发展成为以社区便利店为依托的社区服务平台。

【课后思考】

1. 简要分析数据运营的定义及数据分析的流程。
2. 选定某金融科技产品，梳理其合适的运营数据指标及其内涵。

第十章

金融科技用户运营活动法律法规

【学习目标】

□ **知识目标**
1. 了解消费者与金融消费者、金融科技消费者的相关概念。
2. 了解金融科技消费者权利的内容及相对应经营者的义务。
3. 了解互联网广告传播领域的相关监管政策。

□ **能力目标**
能够分析监管规范对于金融科技用户运营从业者的挑战与机遇。

□ **素质目标**
1. 培养学生在开展营销业务过程中的合规意识。
2. 培养学生检索法律法规并进行案例分析的能力。

第一节 金融消费者权益保护概述

一、消费者与金融消费者概述

（一）消费者的概念及法律关系

我国《消费者权益保护法》（以下简称《消法》）第二条将"消费者"定义为"消费者为生活消费需要购买、使用商品或者接受服务"的人。

消费行为法律关系主体的权利是指主体依法具有自己为或不为一定的行为和要求他人为或不为一定的行为的可能性；消费行为法律关系主体的义务是指主体依法必须为一定的行为或不为一定的行为的必要性。

消费者权益保护的立法动因融合了强调实质公平的经济法和强调形式公平的民商系列法律的相关立法思想。与《民法典》一般实施过错责任不同，《消法》确立了无过错责任原则，产品如果有缺陷，使消费者的财产和人身受到损失，即使生产者在生产或销售过程中已经尽到了可能一切的注意，主观上无过错，也需要对消费者承担责任，消费者无须承担举证责任。

(二) 金融消费者的概念及法律关系

金融消费者群体的金融交易行为，一般出于投融资或支付需要，与基于"生活消费"需要而购买商品或接受服务的消费者存在差异。金融产品比一般消费品更加特殊，金融产品创新和复杂性带来的信息不对称问题更加凸显金融消费者权益保护的困难。《消法》第二十八条规定了对购买金融服务和产品的消费者的保护，"提供证券、保险、银行等金融服务的经营者，应当向消费者提供经营地址、联系方式、商品或者服务的数量和质量、价款或者费用、履行期限和方式、安全注意事项和风险警示、售后服务、民事责任等信息。"由中国人民银行发布的《中国人民银行金融消费者权益保护实施办法》于2020年11月1日起正式施行，该办法将金融消费者定义为"购买、使用银行、支付机构提供的金融产品或者服务的自然人"。

金融法律关系是指金融法律在调整人们的金融活动过程中形成的权利和义务关系，金融机构通常是一方当事人。我国颁布的《中国人民银行法》《商业银行法》《证券法》《保险法》《证券投资基金法》等相关法律中存在比"消费者"概念更加细化的"存款人""投资者""投保人""被保险人"等概念。因此，金融消费者的权益保护将受到更多部门法的影响。

(三) 金融科技消费者的概念及法律关系

我国现行法律没有规定金融科技消费者的内涵和外延，但是，可以确定金融科技消费者是金融消费者概念在金融科技领域的延伸和拓展。金融科技业务交易快速、便捷、高效，呈现跨区域、跨行业、跨市场的特征。金融科技产品在开发时融入互联网要素，交易时法律主体间信息不对称、地位不平等等客观现实，使金融科技消费者的权益保障更加困难。

从金融角度来说，金融科技消费者的法律关系与金融消费者的法律关系保持一致。

二、金融科技消费者权利与相关经营者义务

《消法》规定了消费者享有的九项权利，《民法典》侵权责任编规定了经营者安全保障义务，《中国人民银行金融消费者权益保护实施办法》（以下简称《办法》）规定了金融消费者权益保护的特别要求，《广告法》规定了经营者在广告宣传领域应履行的义务。因此，综合来看，金融科技消费者享有以下权利。

(一) 保障金融科技消费者财产安全权

消费者在购买、使用商品和接受服务时享有人身、财产安全不受损害的权利。消费者有权要求经营者提供的商品和服务，符合保障人身、财产安全的要求。从权利内容的不同区分，安全权可以分为消费过程中的安全和商品服务本身的安全。其中，前者指有权要求经营者的设施、用品等安全，不存在不合理的危险；后者指要求经营者提供的商品和服务，符合保障财产安全的要求。

《办法》第十二条规定：银行、支付机构应当根据金融产品或者服务的特性评估其对金融消费者的适合度，合理划分金融产品和服务风险等级以及金融消费者风险承受等级，将合适的金融产品或者服务提供给适当的金融消费者。

金融机构应当依法维护金融消费者在购买金融产品和接受金融服务过程中的财产安全。金融机构应当审慎经营，建立严格的内控措施和科学的技术监控手段，严格区分机构自身资产与客户资产，不得挪用、占用客户资金。

（二）保障金融科技消费者知情权

《消法》第八条规定：消费者享有知悉其购买、使用的商品或者接受的服务的真实情况的权利。消费者有权根据商品或者服务的不同情况，要求经营者提供商品的价格、产地、生产者、用途、性能、规格、等级、主要成分、生产日期、有效期限、检验合格证明、使用方法说明书、售后服务，或者服务的内容、规格、费用等有关情况。《消法》第二十条规定：经营者向消费者提供有关商品或者服务的质量、性能、用途、有效期限等信息，应当真实、全面，不得作虚假或者引人误解的宣传。经营者对消费者就其提供的商品或者服务的质量和使用方法等问题提出的询问，应当作出真实、明确的答复。经营者提供商品或者服务应当明码标价。

《办法》第二十二条规定：银行、支付机构应当对营销宣传内容的真实性负责。银行、支付机构实际承担的义务不得低于在营销宣传活动中通过广告、资料或者说明等形式对金融消费者所承诺的标准。前款"广告、资料或者说明"是指以营销为目的，利用各种传播媒体、宣传工具或者方式，就银行、支付机构的金融产品或者服务进行直接或者间接的宣传、推广等。《办法》第二十三条规定：银行、支付机构在进行营销宣传活动时，不得有下列行为：（一）虚假、欺诈、隐瞒或者引人误解的宣传；（二）引用不真实、不准确的数据和资料或者隐瞒限制条件等，对过往业绩或者产品收益进行夸大表述；（三）利用金融管理部门对金融产品或者服务的审核或者备案程序，误导金融消费者认为金融管理部门已对该金融产品或者服务提供保证；（四）明示或者暗示保本、无风险或者保收益等，对非保本投资型金融产品的未来效果、收益或者相关情况作出保证性承诺；（五）其他违反金融消费者权益保护相关法律法规和监管规定的行为。

经营者披露真实信息的义务中，所应提供的信息范围应当有一个合理的界定，凡是能影响消费者安全权、选择权的重要信息，均应向消费者告知。经营者违反披露真实信息义务包括两种情况：虚假宣传和引人误解的宣传。前者指宣传内容与商品的客观事实不符，后者指宣传对象对商品或服务产生错误的联想，从而影响其购买决策，重点不在于信息是否虚假，而在于信息是否引人误解。

用户获取的信息主要来自经营者。通过知情权的确立，强制要求经营者提供相关信息，有利于消费者正确作出消费决定。知情权是一种程序性权利，其价值在于给予消费者以侧重保护。

针对实际承担的义务低于在营销宣传活动中通过广告、资料或者说明等形式对金融消费者所承诺的标准的，引用不真实、不准确的数据和资料或者隐瞒限制条件等，对过往业绩或者产品收益进行夸大表述的，利用金融管理部门对金融产品或者服务的审核或者备案程序，误导金融消费者认为金融管理部门已对该金融产品或者服务提供保证的，明示或者暗示保本、无风险或者保收益等，对非保本投资型金融产品的未来效果、收益或者相关情况作出保证性承诺的情况，将按照《消法》第五十六条进行处罚。

【练一练】

在日常体验中，是否遇到过用户知情权并未充分满足的产品案例？如果有，具体描述案例的内容。

（三）保障金融科技消费者自主选择权

《消法》第九条规定：消费者享有自主选择商品或者服务的权利。消费者有权自主选择提供商品或者服务的经营者，自主选择商品品种或者服务方式，自主决定购买或者不购买任何一种商品、接受或者不接受任何一项服务。消费者在自主选择商品或者服务时，有权进行比较、鉴别和挑选。选择权的内容包括：第一，消费者有权自主选择提供商品或服务的经营者。第二，消费者有权自主选择商品品种或服务方式，不得利用捆绑消费等方式强制消费者消费。第三，消费者有权自主选择是否购买商品或接受服务，消费决定属于消费者意思自治的范畴。

金融机构应在法律法规和监管规定许可范围内，充分尊重金融消费者意愿，由消费者自主选择、自行决定是否购买金融产品或接受金融服务，不得强买强卖，不得违背金融消费者意愿搭售产品和服务，不得附加其他不合理的条件，不得采用引人误解的手段诱使金融消费者购买其他产品。

（四）保障金融科技消费者公平交易权

交易条件公平才可能实现交易结果公平。依据平等原则，消费者和经营者之间是平等主体，经营者不得利用其优势地位让消费者接受其不平等条款（霸王条款）。通过立法，保障消费者在与经营者的消费交易中享有的获得公平交易的条件和公平交易结果的权利。公平交易的核心在于等价交换，即交易各方在交易过程中获得的利益相当。

《消法》第十条规定：消费者享有公平交易的权利。消费者在购买商品或者接受服务时，有权获得质量保障、价格合理、计量正确等公平交易条件，有权拒绝经营者的强制交易行为。《消法》第十六条规定：经营者向消费者提供商品或者服务，应当依照本法和其他有关法律、法规的规定履行义务。经营者和消费者有约定的，应当按照约定履行义务，但双方的约定不得违背法律、法规的规定。经营者向消费者提供商品或者服务，应当恪守社会公德，诚信经营，保障消费者的合法权益；不得设定不公平、不合理的交易条件，不得强制交易。

有时候，经营者为了提高效率，使用了格式条款。《消法》第二十六条规定：经营者在经营活动中使用格式条款的，应当以显著方式提请消费者注意商品或者服务的数量和质量、价款或者费用、履行期限和方式、安全注意事项和风险警示、售后服务、民事责任等与消费者有重大利害关系的内容，并按照消费者的要求予以说明。经营者不得以格式条款、通知、声明、店堂告示等方式，作出排除或者限制消费者权利、减轻或者免除经营者责任、加重消费者责任等对消费者不公平、不合理的规定，不得利用格式条款并借助技术手段强制交易。

在具体判例中,"显著方式"需要考虑普通消费者的认知能力,必须足以明显引起普通消费者的注意,发生消费纠纷后,由经营者对其已经尽到显著提示说明义务承担举证责任,否则,视为经营者没有就前述内容向消费者履行告知说明义务。其提供的格式条款不构成合同内容。

(五)保障金融科技消费者依法求偿权

《消法》第十一条规定:消费者因购买、使用商品或者接受服务受到人身、财产损害的,享有依法获得赔偿的权利。经营者不得以事先约定或单方声明的方式剥夺或限制消费者的求偿权。消费者求偿权只发生于消费者与经营者之间,无论基于违约或侵权,消费者均可向经营者主张这一权利。

金融机构应当切实履行金融消费者投诉处理主体责任,在机构内部建立多层级投诉处理机制,完善投诉处理程序,建立投诉办理情况查询系统,提高金融消费者投诉处理的质量和效率,接受社会监督。

(六)保障金融科技消费者受教育权

《消法》第十三条规定:消费者享有获得有关消费和消费者权益保护方面的知识的权利。消费者应当努力掌握所需商品或者服务的知识和使用技能,正确使用商品,提高自我保护意识。

金融机构应进一步强化金融消费者教育,积极组织或参与金融知识普及活动,开展广泛、持续的日常性金融消费者教育,帮助金融消费者提高对金融产品和服务的认知能力及自我保护能力,提升金融消费者的金融素养和诚实守信意识。

(七)保障金融科技消费者受尊重权

《民法典》规定自然人的人身自由、人格尊严受法律保护。自然人的个人信息受法律保护。《消法》第十四条规定:消费者在购买、使用商品和接受服务时,享有人格尊严、民族风俗习惯得到尊重的权利,享有个人信息依法得到保护的权利。人格尊严权利体系包括姓名权、名誉权、荣誉权、肖像权、隐私权等。

(八)保障金融科技消费者信息安全权

有关个人信息的保护,重点在于规范经营者在收集、处理众多消费者个人信息中的义务,既要保护消费者对其个人信息享有的个人权利,又要兼顾对其信息资源的合理、有效利用。

《消法》第二十九条规定:经营者收集、使用消费者个人信息,应当遵循合法、正当、必要的原则,明示收集、使用信息的目的、方式和范围,并经消费者同意。经营者收集、使用消费者个人信息,应当公开其收集、使用规则,不得违反法律、法规的规定和双方的约定收集、使用信息。经营者及其工作人员对收集的消费者个人信息必须严格保密,不得泄露、出售或者非法向他人提供。经营者应当采取技术措施和其他必要措施,确保信息安全,防止消费者个人信息泄露、丢失。在发生或者可能发生信息泄露、丢失的情况时,应当立即采取补救措施。经营者未经消费者同意或者请求,或者消费者明确表示拒绝的,不得向其发送商业性信息。

《办法》第二十八条规定：本办法所称消费者金融信息，是指银行、支付机构通过开展业务或者其他合法渠道处理的消费者信息，包括个人身份信息、财产信息、账户信息、信用信息、金融交易信息及其他与特定消费者购买、使用金融产品或者服务相关的信息。

由国家互联网信息办公室、工业和信息化部、公安部、国家市场监督管理总局四部门联合印发的《常见类型移动互联网应用程序必要个人信息范围规定》（以下简称《规定》）于2021年5月1日正式施行。《规定》在明确App基本功能服务和必要个人信息范围的基础上，明确要求App运营者不得因用户不同意收集非必要个人信息，而拒绝用户使用其基本功能服务。《规定》在保障App正常运行的同时，保障了用户对App基本功能服务的使用权，以及对收集使用非必要个人信息的知情权和决定权。

【练一练】
1. 日常使用的金融科技产品中，平台采取了哪些方式保障消费者的知情权？
2. 日常使用的金融科技产品中，平台采取了哪些方式保障消费者的安全权？

【知识延伸】

网络平台交易经营者需要承担的义务

《消法》第四十四条规定：消费者通过网络交易平台购买商品或者接受服务，其合法权益受到损害的，可以向销售者或者服务者要求赔偿。网络交易平台提供者不能提供销售者或者服务者的真实名称、地址和有效联系方式的，消费者也可以向网络交易平台提供者要求赔偿；网络交易平台提供者作出更有利于消费者的承诺的，应当履行承诺。网络交易平台提供者赔偿后，有权向销售者或者服务者追偿。网络交易平台提供者明知或者应知销售者或者服务者利用其平台侵害消费者合法权益，未采取必要措施的，依法与该销售者或者服务者承担连带责任。

《办法》第四十条规定：通过电子商务、网络交易购买、使用金融产品或者服务的，金融消费者通过银行、支付机构住所地的中国人民银行分支机构进行投诉。

第二节　网络平台交易与互联网广告传播相关法律规定

一、网络交易监督管理

自2021年5月1日起《网络交易监督管理办法》施行，该文件目的是规范网络交易活动，维护网络交易秩序，保障网络交易各方主体合法权益。

（一）适用对象

在我国境内通过互联网等信息网络（以下简称通过网络）销售商品或者提供服务的经营活动以及市场监督管理部门对其进行监督管理，适用本办法。

第十章　金融科技用户运营活动法律法规

（二）对于网络经营者关于保障消费者权益的特别要求

第一，强调网络经营者需要承担真实性义务。《网络交易监督管理办法》第十九条规定：网络交易经营者应当全面、真实、准确、及时地披露商品或者服务信息，保障消费者的知情权和选择权。第十四条规定：网络交易经营者不得以下列方式，作虚假或者引人误解的商业宣传，欺骗、误导消费者：（1）虚构交易、编造用户评价；（2）采用误导性展示等方式，将好评前置、差评后置，或者不显著区分不同商品或者服务的评价等；（3）采用谎称现货、虚构预订、虚假抢购等方式进行虚假营销；（4）虚构点击量、关注度等流量数据，以及虚构点赞、打赏等交易互动数据。网络交易经营者不得实施混淆行为，引人误认为是他人商品、服务或者与他人存在特定联系。网络交易经营者不得编造、传播虚假信息或者误导性信息，损害竞争对手的商业信誉、商品声誉。

第二，网络经营者需要以显著方式标明实际经营主体等重要信息。《网络交易监督管理办法》第二十条规定：通过网络社交、网络直播等网络服务开展网络交易活动的网络交易经营者，应当以显著方式展示商品或者服务及其实际经营主体、售后服务等信息，或者上述信息的链接标识。

第三，网络经营者需要提醒消费者注意搭售的商品或服务的关键信息。《网络交易监督管理办法》第十七条规定：网络交易经营者以直接捆绑或者提供多种可选项方式向消费者搭售商品或者服务的，应当以显著方式提醒消费者注意。提供多种可选项方式的，不得将搭售商品或者服务的任何选项设定为消费者默认同意，不得将消费者以往交易中选择的选项在后续独立交易中设定为消费者默认选择。

二、互联网广告监督管理

关于互联网广告的监督管理规范主要包括《中华人民共和国广告法》（以下简称《广告法》）和《互联网广告管理办法》（以下简称《办法》）。《广告法》于2015年9月1日起施行，于2021年4月29日修订；《办法》于2023年5月1日正式施行，该办法适应我国互联网广告业发展的新特点、新趋势、新要求，进一步细化了互联网广告相关经营主体责任，明确行为规范，助力数字经济规范健康持续发展。

（一）互联网广告及相关属性的界定

《办法》第二条规定：在中华人民共和国境内，利用网站、网页、互联网应用程序等互联网媒介，以文字、图片、音频、视频或者其他形式，直接或者间接地推销商品或者服务的商业广告活动，适用《广告法》和本办法的规定。

《办法》第十三条规定：广告主可以通过自建网站，以及自有的客户端、互联网应用程序、公众号、网络店铺页面等互联网媒介自行发布广告，也可以委托广告经营者、广告发布者发布广告。

上述条款说明了互联网广告的媒介包括网站（如门户网站、电子商务平台、搜索引擎、社交媒体）、网页（如互联网网站中的任何单一或者组合网页媒介）、互联网应用程序（如电脑端应用程序、移动端应用程序），广告主在自有互联网媒介上可以发布互联网广告。互联网广告的内容呈现形式包括文字、图片、音频、视频或者其他形式。互联网广告涉及广告主直接或间接推销商品或者服务，目的是促进商品或服务的销售达成。

（二）广告法律关系主体

根据《广告法》第二条，广告法律关系主体包括广告主、广告经营者、广告发布者、广告代言人等。互联网广告也适用该广告法律关系主体的规定。

广告主对广告内容的真实性负责。《办法》第十三条规定：广告主应当对互联网广告内容的真实性负责。广告主发布互联网广告的，主体资格、行政许可、引证内容等应当符合法律法规的要求，相关证明文件应当真实、合法、有效。

上述条款提醒运营从业者，针对需要国家主管部门行政审批后才能经营的业务（如金融类业务），需要在获得相关行政许可后再开展内容生产和内容传播。

广告主需要建立广告档案并及时更新。《办法》第十三条规定：广告主自行发布互联网广告的，广告发布行为应当符合法律法规的要求，建立广告档案并及时更新。相关档案保存时间自广告发布行为终了之日起不少于三年。

该条款要求互联网广告传播的内容需要进行存档。

广告经营者、广告发布者应当履行法定的审查义务。

（三）互联网广告内容准则

第一，互联网广告应当真实、合法。《办法》第三条规定：互联网广告应当真实、合法，坚持正确导向，以健康的表现形式表达广告内容，符合社会主义精神文明建设和弘扬中华优秀传统文化的要求。利用互联网从事广告活动，应当遵守法律、法规，诚实信用，公平竞争。国家鼓励、支持开展互联网公益广告宣传活动，传播社会主义核心价值观和中华优秀传统文化，倡导文明风尚。

上述条款说明了互联网广告的真实性要求，互联网广告活动需要遵循诚实信用、公平竞争原则。运营人员开展活动运营或内容运营时，需要注意文案内容的真实性，活动规则上做到诚实信用，不出现变相贬低竞争对手等行为。

第二，互联网广告需要显著标识，便于消费者识别。《办法》第九条规定：互联网广告应当具有可识别性，能够使消费者辨明其为广告。对于竞价排名的商品或者服务，广告发布者应当显著标明"广告"，与自然搜索结果明显区分。除法律、行政法规禁止发布或者变相发布广告的情形外，通过知识介绍、体验分享、消费测评等形式推销商品或者服务，并附加购物链接等购买方式的，广告发布者应当显著标明"广告"。

上述条款说明运营人员在进行内容生产和传播时，需要标明"广告"。

第三，互联网广告应当准确、清晰、明白说明服务的内容、形式、允诺等信息。《广告法》第八条规定：广告中对商品的性能、功能、产地、用途、质量、成分、价格、生产者、有效期限、允诺等或者对服务的内容、提供者、形式、质量、价格、允诺等有表示的，应当准确、清楚、明白。广告中表明推销的商品或者服务附带赠送的，应当明示所附带赠送商品或者服务的品种、规格、数量、期限和方式。

通常运营活动中会涉及给用户赠送福利，所谓的活动福利属于服务的附带赠送，需要遵循《广告法》的相关规定。

第四，互联网广告用语不得使用"最高级""最佳"及意思相同的用语，以及指向经营者所推销的商品或者所提供的服务的绝对化用语。《广告法》第九条第三款、第六款规定：广告不得使用"国家级""最高级""最佳"等用语；不得危害人身、财产安全，泄露个人隐私。

第五，针对涉及投资回报预期的金融产品或服务，需要遵守《广告法》第二十五条的规定：招商等有投资回报预期的商品或者服务广告，应当对可能存在的风险以及风险责任承担有合理提示或者警示，并不得含有下列内容：（一）对未来效果、收益或者与其相关的情况作出保证性承诺，明示或者暗示保本、无风险或者保收益等，国家另有规定的除外；（二）利用学术机构、行业协会、专业人士、受益者的名义或者形象作推荐、证明。

【知识延伸】

金融科技平台营销活动策划自查清单

第一，内容是否合法合规、真实可信。

第二，是否存在对金融产品或服务未合理提示或警示可能存在的风险以及承担风险责任。

第三，是否存在对未来效果、收益或者与其相关情况作出保证性承诺，明示或者暗示保本、无风险或者保收益。

第四，是否有夸大或者片面宣传金融服务或者金融产品，在未提供客观证据的情况下，对过往业绩作虚假或夸大表述。

第五，是否有利用学术机构、行业协会、专业人士、受益者的名义或者形象作推荐、证明。

第六，是否对投资理财类产品的收益、安全性等情况进行虚假宣传，欺骗和误导消费者。

第七，是否有未经有关部门许可，以投资理财、投资咨询、贷款中介、信用担保、典当等名义发布吸收存款、信用贷款内容的广告或与许可内容不相符的情况。

第八，是否有引用不真实、不准确数据和资料。

第九，是否宣传国家有关法律法规和行业主管部门明令禁止的违法活动内容。

【练一练】

选定一款产品的引导用户注册页面，分析该页面存在哪些可能的营销违规风险？

【课后思考】

1. 简要分析消费者与金融消费者、金融科技消费者的相关概念。
2. 论述金融科技消费者权利的内容及相对应经营者的义务。
3. 简要分析互联网广告传播领域的相关监管政策。

参 考 文 献

[1] 科特勒,阿姆斯特朗,王永贵. 市场营销学 [M]. 北京:中国人民大学出版社,2018.

[2] 刘勇. 金融科技十讲 [M]. 北京:中国人民大学出版社,2021.

[3] 易宪容,陈颖颖. 关于当前中国金融科技的理论反思——基于现代金融理论的一般分析 [J]. 南京社会科学,2019 (11):30-37.

[4] 徐忠,邹传伟. 金融科技:前沿与趋势 [M]. 北京:中信出版集团,2021.

[5] 刘斌,赵云德. 金融科技:人工智能与机器学习卷 [M]. 北京:机械工业出版社,2019.

[6] 苟小菊. 金融科技概论 [M]. 北京:中国人民大学出版社,2021.

[7] 安德森. 长尾理论 [M]. 北京:中信出版集团,2015.

[8] 类延昊. 运营笔记:如何成为一个优秀的运营 [M]. 天津:天津人民出版社,2016.

[9] 库伯,莱曼. 交互设计精髓 [M]. 北京:电子工业出版社,2020.

[10] 里斯,特劳特. 定位:争夺用户心智的战争 [M]. 北京:机械工业出版社,2021.

[11] 黄有璨. 运营之光 2.0:我的互联网运营方法论与自白 [M]. 北京:电子工业出版社,2017.

[12] 埃亚尔,胡佛. 上瘾:让用户养成使用习惯的四大产品逻辑 [M]. 北京:中信出版集团,2017.

[13] 格拉德威尔. 引爆点 [M]. 北京:中信出版集团,2000.

[14] 苏海海. 互联网产品运营教程 [M]. 北京:中国铁道出版社,2018.

[15] 陈维贤,李明轩. 跟小贤学运营 [M]. 北京:机械工业出版社,2018.

[16] 唐磊. 新媒体营销精华:精准定位+爆款打造+匠心运营+内容变现 [M]. 北京:中国水利水电出版社,2020.

[17] 俞军. 俞军产品方法论 [M]. 北京:中信出版集团,2020.

[18] 林军,胡喆. 沸腾新十年 [M]. 北京:电子工业出版社,2021.

[19] 李维鑫. 决胜精细化运营如何实现流量高效转化与快速增长 [M]. 北京:

人民邮电出版社，2021.

[20] 刘宇航. B 端运营：用户增长策略与实战［M］. 北京：电子工业出版社，2021.

[21] 宋星. 数据赋能：数字化营销与运营新实战［M］. 北京：电子工业出版社，2021.

[22] 谭贤. 新媒体运营从入门到精通［M］. 北京：人民邮电出版社，2017.

[23] 丁华. 互联网产品运营：产品经理的 10 堂精英课［M］. 北京：电子工业出版社，2017.

[24] 张在旺. 有效竞品分析：好产品必备的竞品分析方法论［M］. 北京：机械工业出版社，2019.

[25] 赵毅衡. 符号学：原理与推演［M］. 南京：南京大学出版社，2016.

[26] 丁尔苏. 符号与意义［M］. 南京：南京大学出版社，2012.

[27] 俞建章，叶舒宪. 符号：语言与艺术［M］. 西安：陕西师范大学出版总社，2018.

[28] 斯韦尔. 团队工作坊游戏［M］. 上海：上海文化出版社，2021.